POINTS
VIVRE

UNE COLLECTION D'ÉPANOUISSEMENT INTÉRIEUR
Dirigée par Anne Ducrocq

On naît, on grandit, on vit, on prend des coups, on s'étonne. On esquive, on mûrit, on guérit, on avance. Et parce que la vie est la vie et qu'elle nous veut du bien, on rencontre sur le chemin des livres de sagesse et d'épanouissement intérieur: on y apprend à respirer avec le cœur; la vie s'y faufile, vaste et libre, toujours en train de commencer.
Car il ne suffit pas d'être né, il faut renaître à l'essentiel.

Des histoires personnelles aux expériences universelles, de la foi au combat spirituel, des épreuves à l'amour, des blessures à la fin de vie,

tout est à vivre.

A. D.

Anne Ducrocq est auteure, spécialisée dans l'épanouissement personnel depuis 25 ans. Elle dirige notamment la collection «Points Vivre», dédiée à l'épanouissement intérieur et à la spiritualité. Elle a publié une vingtaine d'ouvrages dans diverses maisons d'édition (Albin Michel, Flammarion, Jouvence, Leduc, First, Marabout...). Elle vit à Saint Cloud, en région parisienne, et partage sa vie entre l'écriture et la vie spirituelle.

Anne Ducrocq

LE BONHEUR ÇA SE PRATIQUE

Éditions De La Martinière

ISBN 978-2-7578-9051-6

À Ahmed, ami rare

« Le bonheur n'est pas un absolu, c'est un processus, un mouvement, un équilibre mais instable (on est plus ou moins heureux), une victoire mais toujours fragile, toujours à défendre, toujours à continuer ou à recommencer. »

André COMTE-SPONVILLE

« L'étoile divine est intérieure et invisible ; elle éclaire l'âme du voyageur et non le chemin où il marche ; elle nous donne assez de foi pour aller au-delà de tout, mais elle ne dispense de rien »[1].

Gustave THIBON

1. Gustave Thibon, *L'Ignorance étoilée,* Fayard, 1974.

PRÉAMBULE

Tronc commun et cours particuliers

Chaque être qui se rapproche de lui-même, comme un pion sur un échiquier, fait mécaniquement avancer la partie. Si je me rapproche de moi, tu te rapproches de toi, presque par capillarité. Par chance, je crois en la communion invisible des êtres les uns avec les autres, cela fait partie de ma colonne vertébrale.

La vie donne des leçons communes à chacun d'entre nous, mais elle nous réserve aussi des leçons particulières. Ce livre est une main tendue, un tout petit traité personnel, très subjectif, de ce que j'ai appris sur le bonheur en faisant connaissance avec moi-même.

Mon parcours ne suit pas une ligne droite, mais se dessine plutôt en cercles. Car même si extérieurement je parcours un chemin avec des étapes, je sens bien intérieurement que je passe et repasse par les mêmes choses pour les creuser, changer de point de vue, ouvrir mon regard et mon cœur. Que j'y arrive n'est peut-être pas le problème ; ce qui en serait un, ce serait de baisser les bras.

Je vois la vie, la Vie capitale, comme un grand et ambitieux chantier, je vois l'homme comme un mutant, un être en devenir. « Je suis un chef-d'œuvre en construction », disait Raimon Panikkar. Je vois l'homme comme un projet fou, un programme impossible à décoder. Mutons, mes amis, individuellement et collectivement.

Le bonheur est un corps à corps avec la vie, avec l'être libre que nous sommes. Tout n'est pas donné, il faut s'abandonner à plus grand que soi et se conquérir soi-même. On n'a pas à mériter le bonheur mais il n'empêche : la recherche du bonheur est une discipline et une pratique au quotidien.

Ceci n'est pas un livre de psychologie positive. Je ne suis pas psychologue et je ne suis positive que de façon intermittente. Comme tout le monde, j'ai eu mon lot de chagrins et de déceptions dans la vie, mais j'ai aussi plus d'une fois marché sur l'eau de bonheur. J'ai été brûlée de tristesse mais aussi de joie. Comment trouver un point d'équilibre, un centre d'immobilité dans cet écart ?

INTRODUCTION

Le bonheur, un climat

Il n'est pas simple d'être un homme, une femme. De se redresser pour prendre notre pleine stature, de trouver un chemin en soi, vers l'autre et dans la vie. Pas simple non plus de vivre dans une société où l'injonction sociale au bonheur frappe à la porte dès le matin. On omet de rappeler combien nous sommes tièdes, paresseux, immatures et soumis aux événements extérieurs. On oublie de nous inviter à l'exigence, à la rigueur, sans lesquelles aucun bonheur n'est durable. Les mots « effort », « ascèse » ou « discipline » sont presque devenus de gros mots ! Je ne crois pas au bonheur des magazines, en tout cas une pincée me suffira, merci. Pas plus qu'à un petit bonheur personnel.

Bonheur (nom commun) : État de satisfaction globale, générale et durable qui provient d'un jugement sur la vie dans son ensemble ou une période durable de la vie. Cette définition, *fort vague,* dit tout et rien et c'est bien notre chance : il appartient à chacun d'imaginer son menu, de choisir des saveurs sur le marché, de faire avec les épices qui restent sur l'étagère. Le bonheur, c'est un plat fait maison. Certains savent sortir le grand jeu avec trois fois rien dans le frigo, invitent de grandes tablées avec des pâtes au thon, d'autres achètent Picard ou chez le traiteur du coin. On peut faire la fine bouche avec tout ou se régaler d'un rien.

Le terme même de « bonheur » me chiffonne presque. Son petit côté « bien-être » manque de vibration intérieure, d'envergure, d'épines, de feu. Je n'attends pas le bonheur, je sais qu'il vient sans s'annoncer, entre par une porte et repart par une autre. Visitation. Expérience d'Être, de liberté. Le bonheur a rarement pris le visage que j'attendais. Étonnant voyageur qui ne s'annonce pas… La brutalité avec laquelle il m'a parfois quittée, m'a sonnée, sans m'étonner plus que ça : on ne sait d'où il vient, ni où il va. Il est un état, un *climat*, il passe comme un souffle.

Nous n'avons pas tous la même niaque

J'étais seule dans une maison en Normandie. J'ai failli m'étouffer avec un bout de croissant qui a fait fausse route. Impossible de respirer, impossible de tousser, impossible de me taper toute seule dans le dos, impossible d'appeler à l'aide. Rien n'est possible. Je ne pouvais plus inspirer, les quelques gestes que j'ai tentés dans le désordre et la panique étaient absolument inutiles. J'ai vite compris que je n'aurais pas le temps de sortir dans la rue pour interpeller un passant. Chaque micro-millième de seconde me rapprochait de la mort par étouffement. C'était la première fois que je la voyais, ma mort. J'ai vu que j'allais mourir là, sans avoir atteint la porte, dans une seconde. Je me suis penchée en avant et j'ai mis mes doigts dans ma bouche. Le croissant s'est-il déplacé ? Une goulée d'air infime est revenue, j'ai été prise de vomissements. J'ai mis longtemps à retrouver une respiration normale. Je me suis assise, hébétée, sur une chaise.

C'est irracontable, cela a l'air bête, pourtant je l'ai vécu comme une expérience de mort imminente. Le soir, j'avais encore tellement mal à la gorge. Je me sentais différente, je me suis couchée plus consciente, plus vivante. J'ai été rattrapée *in extremis* par la vie parce que ce n'était pas mon heure.

Je ne cherche pas à être heureuse mais à être vivante, plus qu'hier. Et quand on est vivant, on est contagieux. C'est ce que j'appelle l'autre façon de penser la vie et le bonheur.

Avec le temps, en allant parfois chercher l'élan de vivre avec les dents, je me suis fait deux ou trois opinions personnelles sur le bonheur. L'initiation à la vie est une grande affaire, elle mobilise un monde fou : famille, amis, ennemis, relations, pour une vie de chutes et de relevailles, d'avancées et de reculs, visibles et invisibles. La plupart d'entre nous avons de quoi être heureux. Il suffit de regarder tous les jours autour de soi. Mais se comparer avec un paysan qui a perdu sa récolte en une heure de grêle, à une mère de famille dans un village sans eau potable, à un jeune époux qui perd son aimée ou encore à une personne âgée qui dort dans la rue a-t-il du sens ? Se comparer à son frère, son copain de promo ou sa meilleure amie est stérile. Nous n'avons pas les mêmes besoins. Pas du tout. Ni la même éducation, ni les mêmes revanches à prendre sur la vie, ni les mêmes exigences, ni la même « niaque ».

La vague dans l'océan se compare-t-elle à une autre ? Ose-t-elle penser « je suis plus puissante, plus haute que les autres, je suis là depuis plus longtemps » ? Cela n'a aucun sens car la vague n'a de sens que d'être eau. Dire *une* vague n'a pas de raison d'être, car elle n'est pas autonome, elle est l'eau de l'océan. Toutes les vagues naissent dans l'eau et y retournent, tout simplement. Oui, nous avons largement de quoi être heureux mais nous ne le sommes pas, ou pas assez. Ou ça ne dure pas, ou encore on a l'impression de l'être moins que les autres. Avoir conscience de ce qu'on reçoit est un art exigeant, et si tous les êtres y sont invités, trop peu répondent à l'invitation. Elle exige de se détourner de sa personne, de son ego. Entre l'ego et le bonheur, ça hésite, ça balance. Xavier

Emmanuelli, dans *Le seul progrès qui vaille c'est l'accès au bonheur*[1], écrit :

> « Plus vous laissez le moi dehors, plus vous effacez le moi, plus vous avez la possibilité d'accéder au bonheur. (…) Les ascètes le disent, le bonheur ne se trouve pas dans l'ego. Il se trouve dans la place que vous laissez. »

Le bonheur, ce serait de faire de la place à l'autre, à l'événement qui vient me contrarier, à la vie. Un apprentissage dans lequel il faut engager toutes ses forces. Ce serait tellement plus simple si, pour atteindre le graal, il suffisait de suivre à la lettre une série de recettes du type : « Le bonheur en 12 étapes ». Il existe bien des modes d'emploi : « Comment convaincre (ou séduire) en 5 minutes ? » !

Le bonheur n'est pas une destination, plutôt un cheminement. Pas un sprint, plutôt un marathon. Le jour où nous l'entreprenons, nous percevons combien nos vieilles croyances, nos mauvaises habitudes, notre impuissance à agir ont maquillé la réalité ; combien elles nous ont privé de joie, de passion et de confiance en nous. Le bonheur d'être sur ce

1. Jean-François Colosimo, Boris Cyrulnik, Xavier Emmanuelli, *Le seul progrès qui vaille c'est l'accès au bonheur*, L'Aube, 2019.

chemin unique qui est le nôtre est intense, entre efforts et grâce : on y peut tout et on n'y peut rien. Il y a à accueillir. « Il faut aimer le bonheur à l'encontre de tout ce qui l'empêche d'être ce qu'il doit, comme la jalousie, la haine, l'intolérance », lançait Stéphane Hessel en ouverture d'une conférence du Dalaï-lama sur l'art du bonheur. La tâche n'est pas mince. L'ambition n'est pas un désir de puissance mais de réalisation de soi. Il y a et il y aura beaucoup de renoncements, mais en vue d'une plénitude.

Ce livre est un *livre de pratiquant,* un livre de *vivant :* l'introspection et la réflexion qui ne sont pas suivies de conséquences concrètes dans ce que la vie a d'ordinaire ne sont que du bavardage. Vive le plancher des vaches s'il rime avec ambition pour sa vie intérieure. Le bonheur c'est sans doute cela aussi, une étreinte entre la connaissance de soi et des actes. Nous ne sommes pas là pour philosopher mais pour ajouter de la vie à la vie. On ne contemple pas toutes les nuits des étoiles dans le ciel. Pourtant, invisibles à l'œil nu, elles sont toujours là. La vie m'a donné quelques bonnes leçons, avec les méthodes parfois rêches et frontales qui sont les siennes. Ses enseignements étaient valables pour moi, mais l'humanité est Une et nos vies se ressemblent, parfois se rassemblent.

À méditer...

Un moine demande :
Peu importe ce que la voie me réserve
Mais quelle est-elle ?
Le maître zen répond :
La voie est ta vie quotidienne[1].

1. Marc de Smedt, *La Sagesse de l'éveil. Textes pour la méditation*, Albin Michel, 1991.

Les verbes du BONHEUR

Faire confiance

Accueillir

Ralentir

Recevoir

Sourire

Être curieux

Attendre

Offrir

Être présent

Décider

Cuisiner

Choisir

Renaître

Remercier

S'émerveiller

Agir

(Se) Délester

Être ouvert

Arroser

Râler

Méditer

Ranger

Être patient

Aimer

Écouter

Marcher

Partager

Respirer

Jardiner

Écrire

Chanter

Rêver

Bénir

Être ambitieux

Lire

(Se) Libérer

Pardonner

Fleurir

Bêcher

Consentir

Confier

Se dépasser

Se taire

Être généreux

Danser

Contempler

Décider

Être disponible

Arracher

Adhérer

Planter

(Se) Donner

Lâcher

Grandir

(S') Accepter

Peindre

S'intérioriser

S'abandonner

PREMIÈRE PARTIE

CE QUE JE *VEUX* PENSER SUR LE BONHEUR

Avec une gourde, un canif, une miche de pain, un bon morceau de lard ou des fruits secs, on peut partir pour une ascension en montagne presque sans souci. De même, avec quelques convictions bien solides, un peu de détermination, de fantaisie, de souffle créateur et de confiance, on peut crapahuter toute une vie jusqu'aux joies des sommets. La vie n'est pas un costume si mal taillé qu'on veut nous le faire croire.

Le bonheur, comme la température, est un ressenti. « Le bonheur en petites coupures, celui qui nous occupe, est une monnaie de papier. Il a la valeur qu'on lui donne mais, au contraire de l'argent, il se peut qu'il ne vaille rien pour autrui », écrit finement Alain Schiffres dans la préface de son *Dictionnaire amoureux du Bonheur*[1].

1. Alain Schiffres, *Dictionnaire amoureux du Bonheur*, Plon, 2011.

Bien que subjectives, quelques convictions me permettent d'ancrer ma peau et mon cœur dans l'espace et dans le temps. Elles sont plus que des croyances ou des idées : mieux que ce que je pense, *elles sont ce que je veux penser*. J'ai quelques biscuits roboratifs pour l'escalade de la vie : le bonheur est une direction, une décision, et pas une obligation ! En un mot, une noble ambition.

Chapitre 1

Le bonheur est une direction

« Soyez pleins d'ardeur, soyez endurants.
Surtout, ayez une pensée suivie[1]. »

PATRICE FRANCESCHI

« Mais qu'est-ce qu'une route montante ? » demandez-vous. Je vous réponds : « Toute voie qui s'élève au-dessus des choses humaines – ces choses éphémères aux valeurs instables[2]. »

Nombre de ces voies sont des chemins de transgression – hors des lois communes et des pensées dominantes. Ces voies sont donc joyeuses par essence et ardues par nécessité. Elles évitent les plaines, choisissent les crêtes, cheminent vers des hauteurs invisibles.

1. Patrice Franceschi, *Éthique du samouraï moderne*, Grasset, 2019.
2. Mgr Hippolyte Simon, *Vous qui cherchez Dieu, voici un GPS*, Desclée De Brouwer, 2010.

Un GPS a besoin qu'on lui donne une direction au moment du départ, sinon il reste immobile. Ensuite, si on « désobéit » plusieurs fois de suite à ses indications – « Tournez à gauche », « À 100 mètres à droite » –, il se tait. Au bout d'un moment, il se remet à calculer le meilleur itinéraire : à partir de l'endroit où l'on est (perdu ?), il propose un nouveau chemin pour aller à l'adresse initiale. En quelque sorte, une belle métaphore du chemin de la vie…

Le bonheur est une direction vague tant qu'on ne s'est pas penché dessus. On prend les routes les unes après les autres, chacune a ses inconvénients, on rebrousse chemin, on finit par regretter, etc. Ce sont les bonheurs anarchiques. C'est qu'il n'y a pas de programme à réviser qui mène au bac bonheur ; pas un bonheur à réussir, comme un diplôme. Il n'y a pas de gagnants, d'outsiders et de derniers de la liste ; il n'y a pas ceux qui en sont et ceux qui sont expulsés. Il existe bien quelques sentiers fréquentés mais on n'a pas forcément envie d'avoir un bonheur identique à celui de son voisin. Alors ? Alors, il est une chose que l'on peut faire : c'est choisir une direction, la sienne. Comme certains, en été, prennent toujours la route du Sud pour leurs vacances quand d'autres optent systématiquement pour les chemins de montagne.

« Lumière ici, altitude là. Qu'est-ce que j'ai envie de vivre ? Répondre à cette question c'est trouver un pays pour abriter son bonheur. »

Quand je pense à ce qui me rendait heureuse il y a encore dix ans, je suis étonnée. Hormis quelques invariants, comme on change, comme on *mute* ! Raison de plus pour jeter son ancre… en soi. La vie ne sait pas retourner en arrière ; donc si je change, c'est pour devenir à chaque fois un peu plus moi-même. Il y a intérêt à être souple car, même boussole en main, le voyage chahute…

Lorsque je marche vers mon orient, qu'importe que les conditions ne soient pas réunies pour mon bonheur. Je ne tournerai pas en rond, je ne me perdrai pas et je serai toujours en mouvement. Le reste, le voyage en somme, ne m'appartient pas. Ce qui m'appartient c'est de continuer d'avancer là où mon orient m'appelle, quelle que soit la météo intérieure et extérieure. Choisir une direction donc. Marcher vers l'orient, là où le soleil se lève, là où les choses commencent. Quel est mon orient intérieur ? Quel bonheur ai-je envie d'offrir à ma vie ? Quelle vie pour mon bonheur ?

On oppose bonheur intérieur et bonheur extérieur. L'un serait-il supérieur à l'autre ? J'ai envie de dire oui. Le bonheur extérieur peut nous être enlevé, le bonheur intérieur est à notre disposition tout le temps. Une fois qu'on l'a contacté, on sait qu'on l'a en soi pour toujours.

Relire sa vie

On se presse, sans toujours savoir vers où. Les jours, les saisons passent. On avance, on agit, on est agi. On choisit peu de choses si l'on regarde bien. On ne sait pour combien de temps, avec quelle intensité et avec qui on sera heureux tout à l'heure, encore moins demain. Est-ce une raison pour s'en désintéresser, baisser les bras et laisser les choses se faire sans nous ?

On ne cesse d'enchaîner les expériences, mais on ne prend pas de distance pour savoir ce que l'on pense de ce qui nous est arrivé ! Nous nous cantonnons à un regard de surface. Or, il y a plusieurs vérités dans une situation et si nous ne nous penchons pas sur ce qui a été vécu, il y a fort à parier que nous nous contentions d'une seule : j'ai (eu) raison.

Un de mes amis ne se sent pas aimé de sa femme : « Je l'aime plus qu'elle ne m'aime. » Il se met à la tromper souvent, avec des maîtresses différentes, et même avec une maîtresse fixe. Son haut poste lui offre un alibi pour s'absenter des soirées, voire des week-ends. Son épouse, médecin, reste avec les enfants, sans illusion. Jusqu'au jour où elle retrouve un amour d'enfance. Il porte sur elle un regard amoureux et revalorise la femme en elle. Elle se met elle aussi à mentir jusqu'au jour où elle quitte la maison et déchire une famille jusqu'au drame. Mon ami a traîné sa femme dans la boue. Je vois une infinité de vérités qui se chevauchent... Mais pour les saisir dans leur complexité, il faudrait relire les enchaînements, souvent inscrits dans un passé plus lointain, cesser de vouloir avoir raison ou tort. Prendre sa part et retrouver aussi ce qui a été beau, partagé.

Les jésuites, maîtres en discernement, parlent de « relire sa vie ». Quelle belle expression et quel puissant processus. Nous pouvons lire notre vie comme on feuillette un calendrier et revoir se dérouler de façon chronologique – c'est-à-dire les uns après les autres – les événements qui constituent notre passé, lointain ou immédiat. Nous faisons alors la somme de ce que nous avons vécu. Certains disent : « J'ai eu une vie bien remplie. » ; d'autres : « Il ne s'est pas passé grand-chose de marquant. »

Au sujet de la relecture de vie, le père jésuite Joseph Thomas résume : « On lit en avant, on comprend en arrière. » Les événements qui ont été vécus ne sont rien par eux-mêmes. Seule compte la manière dont nous les faisons nôtres en leur donnant un sens.

L'homme qui ne revient pas sur ce qu'il a vécu reste à la surface de lui-même. Relire sa vie, c'est trouver une inflexion, une direction cachée derrière les apparents zigzags d'une vie.

On prend un cahier et on se lance, stylo à la main. On commence dans le désordre, on laisse les pans de sa vie remonter. Certains moments mettent plus longtemps que d'autres à revenir… car on les a enfouis. On cherche les moments heureux que sans mégarde on a enterré avec. Car on jette souvent tout, le bon grain et l'ivraie ! On fait des listes, on ordonne ce qui va ensemble, on cherche le fil rouge qui relie des expériences éparses, on cherche les leçons sous les épreuves. On va creuser les mines souterraines et, comme Julien Green écrivant son autobiographie, « retrouver le fil conducteur qui passe à travers (ma) vie ». Et le romancier aux deux visages d'ajouter : « Écrire n'importe quoi est peut-être le meilleur moyen d'aborder les sujets qui comptent, d'aller au plus profond par le chemin le plus court. »

Si on ne prend pas de recul, on ne peut pas avoir d'opinion sur sa vie. C'est une façon de se remettre à jour. Les choses arrivent, nous arrivent, comme si nous n'étions que des pantins. Relire sa vie, cela permet de lui donner du sens, c'est aller à sa rencontre pour voir ce qu'elle a dans le ventre. Ai-je dans les tripes l'envie d'être pleinement heureux ? « Le bonheur, une idée animale », disait magnifiquement Paul Valéry. Pour ma part, j'avance, incertaine, percevant la vie comme une aventure et le monde comme un miracle. Je parcours chaque jour comme un nouveau chemin.

Poser des marqueurs

Je sors d'un déjeuner avec une amie. Ce moment à parler de tout et de rien m'a fait du bien. Je viens de quitter l'homme avec qui je vis depuis dix ans, tout est sens dessus dessous. Je traverse la rue et retourne au bureau. Je prends l'ascenseur jusqu'au 5e étage. Là, au lieu de tourner à gauche dans mon bureau, je continue tout droit et je me dirige, le manteau toujours sur le dos, dans le bureau de ma supérieure hiérarchique. Je sais, une seconde d'évidence, que je ne deviendrai pas moi-même ici. Je démissionne.

Le bonheur est une ascension. Changer de plan. Tout est là. Les boussoles dans l'espace, libérées de l'attraction terrestre, ne marquent plus le nord magnétique. Les astronautes sont désorientés. Même le temps y est différent. Toutes les conceptions rassurantes, illusions, croyances, explosent. Chamboulement, vertige. Tout ce qu'ils ont appris vole en éclats. Le ciel se retire, ils voient presque la trame géométrique de l'univers. Le réel n'est pas ce que l'on croit : il est infiniment plus large et tellement plus ouvert que ce que voient les yeux de notre vêtement de peau ! Comme les astronautes, nous devons quitter tout ce que nous connaissons pour appréhender des espaces neufs, plus beaux. Comment nous orientons-nous ? Sommes-nous capables de changer de plan, d'accepter la désorientation ? Vers où se diriger ? C'est là toute la différence entre celui qui bâtit sa vie au petit bonheur la chance et celui qui s'arrête avant d'agir et s'interroge. Choisir une direction de vie est un choix qui engage. Il y a des choix sans conséquences – commander une omelette aux herbes ou une salade César ? –, il y a en revanche des actes fondateurs dont la vibration se fait sentir dans tout le cosmos.

- Qui ai-je envie de devenir ?
- Quelles directions est-ce que je prends pour atteindre le bonheur ?
- Suis-je fidèle à la direction choisie ou suis-je plutôt une girouette ?
- Sur quelles valeurs est-ce que je m'appuie ?
- Quelles sont les personnes avec qui je suis la plus vraie, la plus honnête ?
- Quels sont ceux avec qui je me transforme le plus en profondeur, le moins en surface ?
- Qu'est-ce qui me limite ?

- Qu'est-ce qui m'illimite ?
- Qu'est-ce qui me recharge ?
- Qu'est-ce qui me pèse ?
- Qu'est-ce qui me rend fière de moi ?
- Qu'est-ce qui a assez duré ?
- Quand je pense au mot « inaccompli », cela me renvoie à quoi de personnel ?

La question n'est pas « Suis-je doué pour le bonheur ? » mais « Pour quoi suis-je doué ? » Et cela nous mène au bonheur, car cela nous mène à nous-mêmes. On peut se poser ces questions à différents moments de sa vie. Ce sont des questions/marqueurs qui portent l'empreinte de la personne que nous sommes en vérité. Comme le sang révèle des maladies au laborantin, ces questions portent notre destinée. Est-ce que la personne que je suis est en vie ? Immense sujet. Pour François Jullien, « la vie a une tendance à s'installer, au sens propre : à se mettre dans sa stalle. Donc à ne plus s'inventer. S'enliser, c'est-à-dire sombrer dans cette lise, qui fait que progressivement, ce qui était innovant et inventif, progressivement, se résorbe et se retire ». Pour le sinologue, il est nécessaire de tenter de se dégager de ce qui a été vécu pour se relancer. Autrement dit, faire un pas de côté pour éviter que la vie ne « retombe » après avoir connu son essor.

L'interrogation est un signe de bonne santé : chercher à comprendre ce qu'on fait et ce qu'on ne fait pas de sa vie révèle une certaine vitalité, dénote d'une belle honnêteté. Pourquoi ne pas prendre un moment comme Hercule ? Pour froisser son amour propre, on lui confie une mission dégradante : nettoyer les écuries d'Augias qui n'avaient pas été nettoyées depuis trente ans. Le fumier et les immondices s'étaient accumulés, personne ne voulait y aller. Nous pourrions nous aussi descendre où cela « sent ». Les écuries du roi – en réalité des étables – étaient dans un état de saleté répugnant. Or le bonheur, ça sent bon.

Si on ne nettoie pas nos écuries (notre psychisme), si on n'aère pas, si on ne frotte pas pour décrocher la saleté accumulée dans l'obscurité, les joies du château ne seront que des bals masqués où l'on se dissimule.

Conte de sagesse
Ne pas fuir

Sariputra, le grand disciple du Bouddha, était assis en zazen, au bord d'un lac. À la surface de l'eau, de nombreux poissons sautaient. Sariputra changea de place et s'installa dans un endroit plus retiré. Mais le chant des oiseaux dérangeait son zazen. Les pensées affluaient, les illusions s'élevaient... Les oiseaux et les poissons le troublaient, aussi décida-t-il de les tuer et de les manger. Mais l'indigestion le rendit malade.

Cette anecdote est un fait de jeunesse de Sariputra. Inutile de chercher à fuir le bruit de l'eau ou le chant des oiseaux. Le trouble vient de notre esprit.[1]

Quels modèles imiter ?

La recherche du vrai bonheur selon Sénèque le jeune, stoïcien grec du Ier siècle, comporte plusieurs dangers. L'un d'entre eux est la poursuite du chemin de la grande majorité. Rien n'est plus malheureux dans notre vie que de vivre à l'imitation des autres. Dit autrement, puisque nous grandissons en suivant des modèles, d'abord parentaux, autant imiter les bons ! Car le bonheur ça s'apprend. Les personnes que l'on admire – qu'elles soient publiques ou privées – nous en disent beaucoup sur nous-mêmes et sur nos désirs profonds. Regardons-les de plus près, cela nous redonnera une perspective.

1. Maître Taïsen Deshimaru, *Le Bol et le Bâton. 120 contes zen*, Albin Michel, 1986.

Vous et moi n'admirons pas les mêmes personnes. Pour les uns, ce seront des joueurs de football ou de tennis, des stars de la télévision ou de cinéma, des chanteurs... Pour d'autres, ce seront des personnes généreuses, créatives ou engagées pour la planète ou auprès des jeunes, des malades ou des prisonniers ; ou encore des personnes qui méditent tous les matins ou qui ont un don pour tendre la main aux autres.

Cette introspection offre des pistes de réflexion sur ce que l'on désire être au fond de soi. Il nous revient de choisir avec soin les influences qui nous transforment. On ne devrait pas faire l'économie de cette interrogation : quels sont mes modèles ? Etty Hillesum est incontestablement l'un des grands maîtres de notre temps, un guide sur les chemins mal éclairés.

Etty Hillesum, jeune femme hollandaise qui sera broyée par la Seconde Guerre mondiale, a tenu un journal pendant les trois dernières années de sa vie. *Une vie bouleversée*[1] a aujourd'hui encore un retentissement mondial. Elle parle à notre cœur, et notamment à notre tiédeur. Son évolution spirituelle est fulgurante, grâce à son effort inlassable

1. Etty Hillesum, *Une vie bouleversée. Journal 1941-1943*, Seuil, 1985.

pour ordonner sa vie : « Je dois me replonger sans cesse dans la réalité, m'expliquer avec tout ce que je rencontre sur mon chemin, accueillir le monde extérieur dans mon monde intérieur et l'y nourrir – et inversement. » On assiste, en direct, à l'éclosion d'une personnalité. Son retour au quotidien dans son journal n'est pas un retour sur soi, elle va vers plus grand qu'elle.

Pour Etty, le maître mot c'est comprendre, comprendre la réalité. Elle ne se laisse pas faire et cherche à entendre ce que les événements ont à lui dire. Elle s'explique avec tout. Avec ses parents, avec l'amour, avec le désir, avec les Allemands, avec la mort qui la cerne. Elle regarde tout dans les yeux, progressivement. Elle nettoie tout ce qui peut l'être, aussi bien dans les relations qui l'entourent, que dans ses fantasmes ou dans ses peurs… Comme ça elle se libére de tout, de la relation compliquée qu'elle entretient avec ses parents, du désir débridé qui anime son corps, de l'amour qu'elle a pour un homme qui meurt…

> « Il me faut vraiment devenir un peu plus simple. Me laisser vivre un peu plus. Cesser de vouloir que ma vie porte ses fruits dès maintenant. Mais j'ai trouvé le remède. Je n'ai qu'à m'accroupir sur le sol, dans un coin, et ainsi blottie, à écouter au-dedans de moi. Ce n'est pas de penser qui

me tirera d'affaire. Penser, c'est une grande et belle occupation dans les études, mais ce n'est pas ce qui vous tire de situations psychologiques difficiles. »

Ces heures de tête-à-tête avec son cahier vont la transformer de fond en comble. Elle va s'expliquer avec tout, sans oublier ses faiblesses. On pourrait ouvrir un petit cahier où s'appliquer pour faire une petite place à la Vérité dans sa vie. S'expliquer avec soi-même, point par point, à chaque fois que nous ne sommes pas assez clair sur un sujet. S'expliquer avec nos attentes inappropriées en amour, avec notre orgueil relationnel, notre ambition, nos sempiternelles plaintes, nos jugements à l'emporte-pièce. Quelle ambition, quelle leçon !

Conte de sagesse

Il y avait un homme très riche. Il y avait un homme très pauvre.

Chacun d'eux avait un fils et chacun d'eux vivait de part et d'autre d'une grande colline. Un jour l'homme très riche fit monter son fils au sommet de la colline et, embrassant tout le paysage d'un grand geste du bras, il lui dit :

« Regarde, bientôt tout cela sera à toi ! »

Au même instant, l'homme très pauvre fit monter son fils sur l'autre versant de la colline et, devant le soleil levant qui illuminait la plaine, il lui dit simplement :

« Regarde[1] ! »

---

1. Michel Piquemal, *Les Philo-fables pour vivre ensemble*, Albin Michel, 2009.

Chapitre 2

Le bonheur est une décision

La vie ne nous épargne rien, elle ne nous doit rien non plus. Nous n'avons pas à lui chercher un sens, mais à accueillir et à remercier pour ce qu'elle nous donne, plutôt que de se plaindre de ce qu'elle ne nous donne pas. L'absence de bonheur n'est pas un malheur ! Certains sont heureux, nés pour le bonheur, dirait-on. D'autres ne savent pas l'être, parfois dans une sorte de complaisance ou d'amertume, consciente ou pas. C'est en tout cas une idée variable d'un individu à l'autre. Le bonheur est d'abord et surtout un apprentissage, le fruit d'une décision. Décider est un acte fondateur. « Décidons d'être heureux et devenons des fées Clochette. Soyons légers. Soyons enfantins[1] », comme le dit André Charbonnier. Vivons pleinement notre vie en étant présents.

1. André Charbonnier, *Plus de peurs que de mal*, inédit Points « Vivre » / Seuil, 2016. L'auteur différencie bien les termes

Distinguer décision et résolution

« Le bonheur est une décision que nous prenons d'être heureux quoi qu'il arrive », estimait le romancier André Maurois. Oui, on peut prendre une décision ferme et inébranlable, pas avec notre tête, qui a ses jours avec et ses jours sans, mais avec notre cœur, qui abrite la volonté de la vie. Encore faut-il distinguer une résolution d'une décision.

Par définition, l'âme – c'est-à-dire notre psychisme et sa (petite) volonté personnelle – a des *états d'âme.* Elle dit un jour oui, un jour non. Elle change d'opinion parfois d'une heure à l'autre. Elle ne sait prendre que des *résolutions.* Comme on prend des résolutions de rentrée ou de bonne année : ce sont des mots qui ne s'ancrent pas longtemps dans la réalité… L'esprit, la part libre en soi, ne prend pas des résolutions, mais des *décisions.* C'est une part totalement stable, calme, ancrée, insensible aux événements extérieurs. Donc loin de la toupie de notre psychisme. Quand on prend une décision, rien ne nous arrête car on s'engage avec notre part belle, sans peurs, sans murailles… Je l'appelle ma part blanche car elle est intacte.

« enfantin » et « infantile » : lorsqu'on est infantile, on se plaint pour obtenir.

Décider, un acte fondateur

Dans cet état d'être, nous émettons de la joie et de l'amour. Assurément, nous en recevrons aussi car nous sommes alors légers dans nos demandes : « Ce serait agréable, si l'univers m'envoyait un emploi plus intéressant… J'aime bien l'idée que je vais passer des vacances enrichissantes cette année. » Ce type de formulation aide à se détacher du résultat, du vouloir. Nous « lâchons l'affaire ». Comme si notre mental s'adressait à notre intuition : « Vas-y, à toi de jouer. » Nous répartissons ainsi les tâches : notre mental s'occupe d'être présent, d'être léger… et notre intuition s'occupe de notre vie. De véritables miracles commencent à se manifester, nous réalisons que nous sommes guidés par des signes discrets et l'on apprend à repérer des hasards improbables et incroyables…

Le bonheur ne peut être assuré par aucune circonstance extérieure – qu'elle soit corporelle, financière ou sociale. Il ne va pas de soi. Il faut le vouloir pour qu'il advienne. Il est toujours plus facile, moins coûteux en énergie psychologique, de se laisser aller au malheur. À l'inverse, faire durer le bien-être nécessite des efforts. Être heureux, c'est du boulot, ça ne tombe pas tout cru. « La graine qui engendre le fruit naît certainement de l'expérience mais sa croissance exige un grand effort », rappelle Graf Durckheim. Il faut se retrousser les manches et se détacher progressivement de quantité de choses.

Nous ne sommes pas seuls à décider de notre vie, nous l'avons bien remarqué. La famille, la génétique, la société, l'environnement, etc. pèsent de tout leur poids. Pourtant, si notre pouvoir n'est pas démesuré, il est suffisant pour changer *notre* monde. Quand nous voyons tout ce que nous ne décidons pas ! Au lieu d'agir, nous sommes « agis ». On tient trop à notre rôle de victime alors qu'une marge de manœuvre et de liberté pour influencer notre vie existe. Si infime soit-elle, elle est gigantesque. « Je veux que tu reprennes l'entreprise familiale de parapluies, elle est florissante. » Je peux répondre : « Non merci, je souhaite être architecte, fleuriste, infirmière… » Un choix qui a des répercussions immenses sur la vie.

Devenir créateur de sa vie

Le bonheur n'est pas une chose de masse, au contraire. C'est du sur-mesure, du fait-main, c'est sans doute la raison pour laquelle il est si précieux. Art éphémère, on change d'ailleurs de bonheur comme de vêtement : notre idée du bonheur se transforme, comme notre vie, comme nos cellules. On n'est pas heureux de la même façon à 8 ans,

25 ans ou 60 ans, en été qu'en hiver, ce matin que cet après-midi.

Arthur Schopenhauer, le « bouddhiste occidental » comme il aimait à se décrire, a établi 50 règles pour être heureux. Dans *L'Art d'être heureux*, il affirme qu'il ne faut pas chercher à trop s'éloigner de ses tendances et penchants naturels. « En effet, de même que les poissons ne sont bien que dans l'eau, l'oiseau seulement dans l'air, la taupe uniquement sous terre, ainsi chaque homme ne se sent bien que dans l'atmosphère appropriée pour lui. » Certains se sentent bien dans la solitude, d'autres aiment les mondanités, certains sont des créatifs, d'autres des contemplatifs. Rien ne sert d'aller à l'encontre de soi-même. Le bonheur est atteignable, mais il y a un prix à payer. Dès qu'il y a un choix, il y a un prix. J'ai un rendez-vous important. Je sais de façon certaine que je vais être en retard… sauf si je me mets à courir. J'ai le choix : soit j'arrive en retard et disponible pour mon entretien ; soit j'arrive à l'heure et trempé de sueur, essoufflé. Tout dépend de ce que je veux *vraiment*. Si ce que je veux vraiment est d'être à l'heure, le prix à payer est d'y arriver en sueur et essoufflé. Si ce que je veux vraiment est d'être disponible pour cet entretien, le prix à payer est d'y arriver en retard. Prendre une décision signifie simplement poser la focale sur un élément de l'équation.

« Généralement, en toute situation, nous cherchons la vérité ou la solution parfaite. Le plus souvent, il n'y en a pas. Il convient juste d'arrêter le mouvement de balancier en prenant conscience d'une chose essentielle et terrible pour notre mental : choisir, c'est renoncer. »

Affirmer que le bonheur est une décision soulage : ainsi mon bonheur ne dépend pas tant des autres ou des événements extérieurs que de moi-même ! Tant de choses ne découlent et ne découleront pas de moi dans la vie. Heureusement il n'y a pas fatalité et beaucoup de choses dépendent de ce que je vais vouloir, à commencer par : « Qu'est-ce que je décide dans ma vie ? »

Je peux décider, par exemple, de continuer à offrir des sourires à ceux que je vais croiser quand je vais mal. Le Dalaï-lama a traversé bien des épreuves dans sa vie et pourtant, à chacune de ses apparitions télévisuelles, on le voit rire. C'est un choix. On connaît tous autour de nous des personnes qui font cela très bien. Je peux décider de donner de la joie quand j'en manque, de répandre du bonheur autour de moi-même quand il s'est absenté de mon quotidien. On ne donne pas que ce qu'on a, on donne ce qu'on *décide* de donner. Vais-je choisir de donner ou de recevoir ? De servir ou d'être servi ? D'aimer ou d'être aimé ?

On sent bien que derrière ces questions trop binaires pour être honnêtes, c'est l'horizon et une façon d'être au monde qui s'ouvrent.

« Les hommes veulent être heureux et le rester », écrivait Freud. J'ai pris le parti de m'écarter de cette opinion commune. Ce besoin de durer, en jeunesse, en amour, en bonheur, est naturel mais triste, vain et contre-productif.

Je veux, je peux, je vais, je fais

Je suis seul à pouvoir décider de mon état d'être. Serai-je heureux ou malheureux aujourd'hui ? Cette semaine ? Ce mois-ci ? Cette année ? Dans ma vie ? La vie renvoie ce qu'on lui crie. Si l'on est pessimiste, le monde nous paraîtra sinistre. Si l'on est optimiste… Crier « je suis seul » ou « aujourd'hui je commence », et la journée en sera différente. Évitons de laisser nos pensées s'abandonner aux médiocrités de la vie quotidienne. On peut se renouveler chaque jour en fonction des choix que l'on fait.

Ainsi, par exemple, faire le choix de la confiance à son conjoint, à sa meilleure amie, à ses parents, à ses enfants, au divin caché dans les rencontres et les événements. Ou à soi-même. La confiance, comme l'amour, est une décision. On commence par dire je *veux* faire confiance. Ensuite, on se dit je *peux* faire confiance. « Si vous croyez que vous en êtes capable, vous y parviendrez réellement.

Il en va de même avec tout », assure Satish Kumar, le célèbre militant indien pour une écologie spirituelle.

> « La phrase magique est celle-ci : « Je veux faire confiance, je peux faire confiance, je vais faire confiance, je fais confiance. » À se répéter sans cesse. Au saut du lit pour commencer la journée, dans le métro, à la queue au supermarché ou au cinéma, le soir en se couchant… »

Et si demain je décidais de remarquer tout ce que mes enfants ou mon conjoint font de bien, tout ce que mon patron, ma belle-mère ou moi-même faisons de bien, de bon, de vrai ? Et si je faisais un petit journal avec toutes les bonnes choses de ma vie, tout ce qui vibre ? Avec tout ce qui me plaît dans ma journée, mon couple, ma solitude, mon travail, mes parents… Tout ce que je réalise de bien, tout ce que j'apprécie, tout ce qui vibre dans ma vie.

Comme une plante grimpante qui ne cherche qu'à pousser plus haut, on suit le bonheur des yeux, on y croit, on en veut ! Mais si on attend les conditions idéales, autant le laisser tout de suite aux autres. Les conditions, ce sont les conditions, c'est la façon de jouer sa partition avec le réel qui donne la note. S'élancer, c'est vivre ce qu'il y a à vivre.

« Soyez toujours en vol ; ne vous choisissez pas de nid déterminé, car c'est au nid que l'on capture tous les oiseaux », disait Avicenne. Proposition folle, mais tellement pleine de vie !

Le non-agir chinois

La philosophie chinoise se dispense de l'idée du bonheur, au profit d'une autre préoccupation, « nourrir sa vie ». Ma « nature humaine », c'est mon potentiel de vie, disent les naturalistes chinois. C'est lui que j'ai à entretenir, à ménager, de façon à le maintenir à son plein régime. C'est une toute autre approche. Comment nourrir sa vie ? En restant « évolutif », répond la tradition chinoise, c'est-à-dire en ne laissant pas ma vitalité s'obstruer, s'enliser, stagner (en s'attachant aux choses, aux affects) ; mais en la maintenant « en cours », comme le monde entier est en cours. Cette idée d'être « en cours » rejoint la notion de *tao*, de « voie ». Il faut toujours du passage, de la « viabilité ». Nourrir sa vie, c'est entretenir le passage en soi – ainsi par la respiration – pour ne pas laisser sa vitalité devenir inerte. Plus je cultive en moi l'énergie, plus je m'anime.

Dans *Psychologies*[1], le sinologue François Jullien, auteur de l'essai *Nourrir sa vie*, explique que la Chine

1. in *Psychologies*, octobre 2009.

n'a pas construit d'opposition entre bonheur et malheur. Le Chinois ne tend vers rien, il évolue librement. Sa vie consiste à « flotter » : il demeure toujours en mouvement, mais sans direction projetée ; il est sans destination et même sans aspiration. C'est l'idée que l'on est d'autant plus efficace que l'on n'agit pas – que l'on « ose ne pas agir ».

> « En Chine, le stratège comme le sage s'appuient sur les facteurs favorables pour les laisser agir à leur place. L'individu qui s'appuie sur la situation pour en exploiter le potentiel n'a donc pas à intervenir, à s'investir, et donc à risquer pour réussir. Si je sais exploiter la situation en m'appuyant sur ses facteurs "porteurs", j'ai d'autant plus de chances d'atteindre le succès et j'évite de me dépenser. Mencius[1] prend pour exemple la croissance de la plante : ni on tire sur la plante pour la faire pousser, ni on se contente de la regarder pousser ; mais on bine, on sarcle au pied de la plante, pour en favoriser la poussée. »

On « aide » alors « ce qui vient tout seul », comme le dit Lao Tseu. Plutôt que de célébrer l'action, la Chine a pensé ce processus discret de maturation.

1. Penseur confucéen.

> “Se maintenir en évolution importe plus que d’être heureux.”

En ce qui me concerne, je ne *veux* pas grand-chose pour ma vie. Je me laisse inspirer, je fais ce que je dois faire, j’essaie même de le faire le mieux possible, et après je laisse la vie agir, dans le sens qu’elle estime *bon.* Les choses ne m’appartiennent pas, sauf la façon de les faire. Les fruits ne dépendent pas de moi, de mon implication, de mon application au travail, de ma bonne volonté, ou autre. Je vois mon quotidien comme une sorte de co-création. Un peu « chacun son job ». Je fais ma part, la vie fera la sienne. Pourquoi imaginer, et comment prétendre, que j’aurais de meilleures idées ?

Ceci n’est pas une posture, c’est *un choix de vie.* Je ne veux ni que tel de mes livres marche ou pas, ni que tel auteur veuille travailler avec moi, ni aller en vacances ici ou là (du moment que j’en prends un peu…) ni être reconnue par telle personnalité, ni… Je me dis que la vie sait ce qu’elle veut pour moi, que je n’ai pas toutes les cartes en main et que ce que je peux faire de plus vivant, c’est de faire confiance. Il faut savoir un peu plus ce que l’on veut et une fois qu’on le sait, filer dans le non-vouloir. Un temps d'inaction précède l'action. Le non-agir n'est d'ailleurs pas l'absence d'action, mais l'action qui se règle de manière adéquate, adaptée à la situation du moment.

La vie a plus d'imagination que nous n'en aurons jamais, une bonté que nous ne connaissons pas et des chemins qui nous échapperont toujours !

À MÉDITER…
Que tout devienne Chemin

« Regardez bien les choses telles qu'elles sont et si vous voulez vraiment réussir à vous éveiller, à ne plus être emporté par le courant, vous découvrirez qu'il y a de nombreux aspects qui peuvent être transformés, mis en ordre. C'est ce que Svâmi Prajnânpad[1] appelait la vie consciente, une vie que l'on décide, que l'on mène sciemment dans chaque détail… Il faut que toutes vos journées, du matin au soir, deviennent le Chemin[2]. »

Arnaud DESJARDINS

---

1. Sage bengali.
2. Arnaud Desjardins, *Au-delà du moi. À la recherche de soi*, Table Ronde, 1986.

Chapitre 3

Le bonheur n'est pas une obligation

« Il y a un temps pour tout sous le soleil », rappelle l'Ecclésiaste dans la Bible. Un temps pour le bonheur, comme pour la tiédeur ou le malheur. Cela me rappelle une vérité universelle, inscrite jusque dans le corps, que j'ai expérimentée en méditation Vipassana. La description des multiples sensations que nous vivons pendant des dizaines et des dizaines d'heures assis sur un zafu se résume à trois adjectifs : nous sommes traversés de sensations agréables, désagréables ou neutres, et toutes viennent, culminent et disparaissent. Il en est de même de nos joies et de nos peines. Pourquoi s'agripper au bonheur ? Cela le fait fuir. On ne le protège pas non plus comme on le ferait d'un enfant malade ou d'une bouture dans le jardin. On en prend soin, sachant qu'il ne fait que passer. Que c'est une grâce. D'ailleurs, la seule chose qui soit certaine, c'est que le bonheur se sauve à intervalles réguliers comme un ado qui fugue, un Dom Juan qui file séduire ailleurs…

Tout est rythme

Tout est question de *kairos* (le *bon momen*t). Avant le printemps, la création traverse l'hiver. Il y a des moments où l'on n'a pas envie de sourire, pas envie d'inviter, de parler, de se battre. Chacun avance avec le rythme qui est le sien : j'ai malgré moi été dans les spasmes de l'adolescence jusqu'à 25 ans. Renvoi du lycée, dépression, addictions, transgressions… J'aurais été incapable de faire autrement, incapable de suivre une voie droite, sans violence et sans danger.

Il faut se méfier de ceux qui, pour notre bien, veulent nous faire aller plus vite qu'on ne peut aller, qui veulent qu'on s'en sorte en s'inscrivant à un cours de yoga, ou de théâtre alors qu'on est en plein dans une phase autiste et qu'on arrive tout juste à aller parler à un psy.

Avant d'être visible et contagieux, le bonheur hiberne et sait parfois se faire longtemps attendre. Les transformations de l'être se font dans un temps et des lois qui nous échappent. Tout est rythme, respectons le nôtre, faisons-le respecter aussi. Et sachons, quand on perçoit enfin un murmure qui nous dit que le bonheur revient, nous lever d'un bond pour l'accueillir sans perdre de temps ! Car une fois qu'il a percé, le bonheur ne jette pas l'ancre longtemps, c'est même sa philosophie ! Il a ses heures, ses humeurs. Se plaint-on de la neige en hiver, de la pluie au printemps, du soleil en été ? Il y a les moments où je ne suis pas heureuse, où *je n'y arrive pas*. Avec le temps, j'ai appris à ne pas vivre cela comme un échec. Je connais mes points faibles et je ne progresse pas sur tout. J'essaie d'en prendre mon parti, de l'assumer. Je mets ma terre en jachère, je dis pouce, je n'y arrive plus, jouez sans moi. Le bonheur n'est pas une obligation, ce n'est pas non plus un sport collectif ! Alors j'ai le droit de me retirer, de résister au bonheur. Car si le bonheur fait partie du chemin, il voyage accompagné. Qui se met la main devant les yeux pour ne pas voir la condition humaine et son chemin de croix est un enfant gâté, un lâche ou quelqu'un qui a un jour tellement souffert qu'il a voulu tout oublier !

Nous vivons, non pas dans une société d'avachis, mais dans une société d'hommes et de femmes responsables de leur bonheur, et coupables s'ils n'y arrivent pas. La société toute-puissante des « je peux tout ». Si nous n'allons pas bien, il nous est conseillé d'aller voir « quelqu'un ». Quand nous n'allons pas bien, il ne faut pas que cela s'éternise.

Il ne s'agit pas non plus de faire profil bas et de se contenter de moins, de mettre de l'eau dans son vin. Le bonheur c'est possible avec du bon vin et/ou avec un verre d'eau. Cela dépend des jours, des personnes ou des circonstances.

Accepter sa part d'ombre

Si nous sommes incapables d'être heureux en ce moment, nous avons cependant le « choix » : faire semblant, ou pas, d'aller bien. Les deux comportements existent, je fais ce que je veux, ce que je peux. Assumer qu'on va mal est parfois difficile. D'autres sont par contre incapables de le cacher. Pourquoi se flageller ? La prochaine fois nous réagirons peut-être autrement. Il n'y a pas de fatalité. Nous n'y arrivons pas alors que d'autres ont le bonheur qui bombe le torse ? Laissons, ça se dégonflera.

Le bonheur obligatoire vient de notre refus du négatif. Comme si une vie sans malheur menait au bonheur. Le bonheur serait alors à portée, et simple à obtenir. En clair, échouer à être heureux serait une faute personnelle, presque une incapacité. Pourquoi ne pas accepter la part de négatif de la vie, sans vouloir toujours la relativiser ? La philosophe Laurence Devillairs, auteure d'un revigorant *Le Bonheur sans mesure*, dénonce dans *Les Inrockuptibles* : « Être heureux n'est plus posséder mais accomplir, ou plutôt s'accomplir, se posséder soi-même, être le propriétaire ravi et repu de soi et de son existence. (…) Tout est travail, tout est géré ; on fait du yoga, du piano, le Viêtnam et Saint-Jacques de Compostelle. » Être heureux serait à la portée de n'importe qui à la condition de croire en soi. Il n'y a rien d'indécent à être déprimé, à s'autoriser à pleurer, à accueillir sa tristesse avec bienveillance. Après, il ne faut pas non plus chanter les mêmes chansons tristes toute une vie.

> « Le répertoire de la vie est varié et on peut aussi parfois changer, volontairement, de disque. »

Il y a quelque chose dans l'air, un « si tu n'es pas heureux, tu dois bien y être pour quelque chose ». Cachez cette tristesse, cette mélancolie, cette déprime que je ne saurais voir. Comme on dissimule les handicapés dans les institutions, comme on enferme les malades atteints de souffrance mentale dans des cliniques ou des camisoles chimiques. Mais de même qu'on ne fait pas pousser l'herbe en tirant dessus, on ne fait pas non plus pousser le bonheur.

J'ai le droit de ne pas être heureux, de ne pas être obsédé par le bonheur, j'ai même le droit d'essayer d'être heureux et de ne pas y arriver ! Quoi que la société veuille nous faire croire, il n'y a pas d'obligation au bonheur. Tu vas mal ? Relève-toi les manches nom de nom ! Tu ne vas pas t'installer là-dedans. Arrête de te complaire. Mets du fenouil dans tes plats, mets-toi à Schopenhauer, au djembé et/ou à la pleine conscience ! Qui n'a pas entendu ce slogan fondamentaliste : « Ressaisis-toi, tu as tout pour être heureux » ?

Sur l'échelle de Richter de la culpabilité, une phrase comme ça vaut 10, sur une échelle de 10.

Ceci étant posé, libre d'être celui que l'on est aujourd'hui, on est aussi libre d'être heureux !

À MÉDITER...

Puisqu'il en est ainsi...

« Si je pouvais croquer la terre entière
et lui trouver un goût, j'en serais plus heureux un instant...
Mais ce n'est pas toujours que je veux être heureux.

Il faut être malheureux de temps à autre afin de pouvoir être naturel...

D'ailleurs il ne fait pas tous les jours soleil, et la pluie, si elle vient à manquer très fort, on l'appelle.

C'est pourquoi je prends le malheur avec le bonheur, naturellement, en homme qui ne s'étonne pas qu'il y ait des montagnes et des plaines avec de l'herbe et des rochers.

Ce qu'il faut, c'est qu'on soit naturel et calme dans le bonheur comme dans le malheur, c'est sentir comme on regarde, penser comme l'on marche, et, à l'article de la mort, se souvenir que le jour meurt, que le couchant est beau, et belle la nuit qui demeure...

Puisqu'il en est ainsi, ainsi soit-il[1]... »

Fernando PESSOA

---

1. Fernando Pessoa, *Le Gardeur de troupeaux*, coll. Poésie/Gallimard, 1987.

DEUXIÈME PARTIE

LE BUT, C'EST LE CHEMIN

Le bonheur n'est pas le but de la vie ; le but de la vie, c'est la Vie, c'est de devenir des vivants. Chaque seconde, chaque acte, chaque parole, chaque rencontre, chaque jour comptent. Le bonheur n'est pas au bout du chemin, il *est* le chemin. Il n'est pas quelque chose d'évanescent, de spectaculaire ou d'imaginaire mais relève bien du quotidien, de l'ordinaire et du concret.

Le bonheur, il y a le fond et il y a la forme. Les deux sont indissociables. Comme une étreinte entre l'intérieur et l'extérieur de soi. Voilà une foule de petits, moyens et grands exercices de pratiques pour danser avec le bonheur, dedans et dehors. Pour prendre le chemin de *son* bonheur. Qu'est-ce qui compte aujourd'hui ? Rien, et absolument tout ! Ce qui compte, c'est de prendre la vie au sérieux, d'apprendre à *devenir* vivant. La vie est un don, c'est aussi une conquête.

« Quand on est heureux, souvent on ne le sait pas. Apprenons à repérer ce bonheur dans nos vies, à le révéler à nous-même. Le bonheur ne se dit pas, il se vit. »

Chapitre 1

Il n'y a d'autre vie que réelle

« Sois aussi humble qu'une chose mûrie à la réalité. »

RAINER MARIA RILKE

Chacun habite dans son monde, mais qui vit dans la réalité ? Nous vivons dans les pensées, les jugements, les conditionnements, les appréhensions, mais qui vit dans ce qui *est* vraiment ? Nous ne rencontrons pas le bonheur, parce que la plupart du temps nous ne sommes pas au rendez-vous. Et le bonheur n'est pas chose virtuelle.

Souvent, nous usons de subterfuges (addictions, fantasmes…) pour éviter de regarder la vérité en face. Ce sont de piètres refuges mais nous n'en avons pas d'autres tant que l'on ne choisit pas d'affronter le réel. Nous vivons dans un monde avec ses limites et nous n'aimons pas ça. Nous avons envie d'avoir un autre corps, un autre sexe, d'être différent de ce que nous sommes… Fernando Pessoa disait que le réel n'a pas besoin de nous. On dirait que nous non plus nous n'avons pas besoin (pas envie) du réel. Mais qui veut s'approcher du bonheur ne peut pas faire l'économie du réel, de la « vraie vie », des mains dedans, jusqu'aux coudes. De voir la réalité comme elle est, sans l'enjoliver ni la noircir, l'accepter tout entière. La lucidité est la seule chose qui sauve. Nous avons une manière routinière et habituelle de regarder la réalité, nous ne l'interrogeons pas, nous ne l'assumons pas. Le bonheur a besoin du réel, il ne se nourrit ni d'illusions, ni d'abstractions.

Quand je travaille dix heures par jour toute la semaine parce que j'accompagne un auteur sur un livre qui me passionne, ou parce que j'écris sur un sujet qui me transporte, je n'aime pas que l'on me dise que je travaille trop. C'est comme si on disait à des amoureux qu'ils se voient trop. Cela ne regarde personne.

Un épisode de détresse nerveuse m'a pourtant fait réatterrir. J'ai pris conscience que je ne distinguais pas ma vie de mon travail, pour moi les deux se confondent tant je m'épanouis dans ce que je fais. En pensant et en vivant dans cet état d'esprit, je me suis déconnectée de moi-même, de la réalité d'un corps qui a besoin de repos, de repas, de marcher ; d'une âme qui a besoin d'émotions, d'expo(s), de musique, de rencontres ; et d'un esprit qui a besoin de plages de vide et de silence. Non, ma vie et mon travail ce n'est pas la même chose. Il faut que je revienne à quelque chose de concret et que je saisisse la vie à pleines mains. 60 heures par semaine cela peut me faire planer, mais il ne faut pas que ça dure !

Oui à ce qui est

« À tout je dis oui », disait sainte Thérèse d'Avila. Vivre, c'est choisir, non ce qui devrait être ou ce qui aurait dû être, mais ce qui est. Un effort est demandé, celui de revenir ici, de se réajuster au réel. « Qu'est-ce que me demande la vie maintenant ? » Ne se demander que ça, tout ça.

Pour être vraiment heureux, faut-il préserver son bonheur de la vie dans ce qu'elle peut avoir de contrariant et de disgracieux ? Cultiver le bonheur comme on préserve sa santé, en fuyant tout ce qui pourrait blesser ou endeuiller, inquiéter ou amoindrir, c'est se noyer dans l'illusion. Nous ne pouvons pas nous extraire de la réalité, et nous mettre toujours à l'abri de ses assauts. Il ne suffit pas d'apprendre à bien respirer ou à saisir le moment présent dans un stage, sur YouTube ou avec des livres pour être heureux, il faut aussi accepter de ne pas renoncer au réel.

> « Oui n'est pas tiède. Oui donne la vie. »

Le réel, ça s'empoigne, ça prend la vie au sérieux dans toutes ses dimensions, sinon tous nos efforts, et même tous nos progrès apparents, ne sont que de la poudre aux yeux. La philosophe Laurence Devillairs n'y va pas par quatre chemins : « Nous n'irons pas au bonheur en faisant comme si cette part négative n'existait pas ; le bonheur véritable est celui qui ne cherche pas à taire le sentiment que nous avons d'être inconsolables. »

Notre regard perturbe le réel. Par exemple, comme le raconte Yu Dan dans *La Sagesse selon Confucius*, quelqu'un se fait une entaille de trois centimètres. La blessure doit-elle être considérée comme grave ou légère ? Une jeune fille délicate et sensible va tout de suite aller à la pharmacie ou aux urgences, demander un bandage et raconter cette aventure pendant une semaine entière, tandis qu'un solide gaillard n'y prêtera peut-être même pas attention, jusqu'à ce que la plaie guérisse toute seule. Adopter le rôle de la « délicate jeune fille » ou du « solide gaillard » dépend entièrement de nous. L'auteur conclut : « Si vous avez un esprit infiniment large, vous serez toujours en mesure de maintenir les choses dans leur juste perspective. »

Accepter sans être d'accord

Les sagesses de toutes les traditions nous enseignent que l'unique source de souffrance provient du décalage qui existe entre ce qui est et ce que l'on voudrait qui soit. De fait, la plupart du temps, nous souffrons non pas parce que nous vivons un événement mais parce que nous refusons l'événement. Accepter ce qui se passe dans nos vies, ce que nous sommes, ce que nous pensons, ce que nous faisons, ce que nous avons fait, est le seul moyen de trouver la paix. C'est également le point de départ pour accepter les autres.

Il convient d'accepter le réel tel qu'il est, dans l'instant. S'il pleut, si votre fille a raté son baccalauréat ou si vous perdez votre passeport la veille de votre départ à l'étranger et que vous refusez de l'accepter – alors que cela est –, cela ne change rien à la situation à part votre état émotionnel. Vous pouvez prendre des décisions pour remédier au problème, mais cela ne changera pas la réalité de ce qui vous est arrivé. Accepter ce qui est arrivé, sans pour cela être d'accord avec ce qui est arrivé, permet de prendre des décisions réfléchies. Ces décisions sont alors prises avec l'intelligence et non plus avec les émotions. « L'intensité de la souffrance dépend du degré de résistance au moment présent[1] », écrit Eckhart Tolle.

1. Eckhart Tolle, *Le Pouvoir du moment présent. Guide d'éveil spirituel*, J'ai Lu, 2010.

> « Accepter libère des émotions destructrices qui empêchent de voir les choses clairement, et donc de prendre des décisions appropriées. Cela remet aussi la douleur à sa juste place. »

Une femme rêve d'avoir des enfants mais une endométriose ou la stérilité de son conjoint lui interdisent tout projet ; une autre n'arrive pas à tomber amoureuse d'un homme avec qui elle se projette comme parent, ou encore aime une personne du même sexe et ne veut pas entrer dans une « grossesse assistée ». Les raisons sont nombreuses, il en suffit d'une pour que le couperet de la réalité tombe : elles ne seront pas mères. Ceci est un élément de vie que l'on ne choisit pas a priori. Mais c'est la réalité, la *seule* réalité. Nous l'acceptons ou nous la refusons ? La refuser, c'est une double peine, il y a tout à perdre : la chance d'être mère et la révolte inutile. Comment, dans ces conditions, le présent pourra-t-il combler ? Mais quand on prend conscience du réel – je ne serai jamais une mère biologique –, quand on consent, tout devient possible. Le sol devient solide. Le bonheur c'est un état d'esprit. Oui, cela est. On fait quoi avec cette réalité ? On l'assume et, face à l'adversité, soit on prend le chemin de l'adoption, soit on cherche comment porter du fruit autrement. Se réapproprier le réel, s'y ajuster, et mettre, là encore, là toujours, de la vie dans cette vie-là. Dans ce cas précis, ajouter de la vie non biologique dans sa vie. Les femmes stériles de la Bible ont toutes porté beaucoup de fruits, biologiques ou autres. Nombre d'entre elles, comme Sarah, Rebecca ou Anne, parce qu'elles ont fait confiance au divin, ont pu mettre au monde un enfant. La traversée du désert n'est pas gratuite, la « terre promise » est toujours en vue, à l'intérieur.

Dire oui au réel se conquiert de haute lutte mais apprenons aussi à dire non. Vous connaissez l'adage qui conseille, quand on dit oui aux autres, de ne pas faire en sorte de se dire non à soi-même. Cela fait du bien de se révolter contre ce qui le mérite, contre un monde qu'on refuse, qu'on voudrait meilleur, qu'on voudrait changer. Non à des conditionnements, à des relations toxiques. Non à un bien-être politiquement correct – écoute-toi, repose-toi, pense à toi. On vit parfois comme sous sédation. Dire non est une base de l'affirmation de soi. Je pense quelque chose de ce qui (m')arrive et là, tout de suite, c'est non. Non à la facilité et oui à l'ambition pour soi.

> « Savoir dire non, puis retourner à l'essentiel, au oui, pas du bout des lèvres, pas un "oui mais". Oui tout court. »

Dire oui, c'est aussi admettre tout ce qui ne dépend pas de moi. Dire non à la météo – trop chaud, trop froid, trop de neige, trop de pollution… – n'a pas de sens car il n'y a pas de solution. Cela est. Le bonheur, loin de là, n'est pas de tout contrôler. Je ne connais personne qui ait le moindre pouvoir sur la seconde qui vient. Je ne crois pas non plus que la vie soit une chose à réussir. Penser comme cela c'est passer à côté, non pas du bonheur, mais de sa vie. Je préfère un peu de bonheur intérieur que beaucoup de satisfactions extérieures. À vrai dire, ça ne devrait pas se comparer mais comment faire autrement ? Hélas, tant que l'ego sépare le dehors et le dedans…

Anticiper pour être heureux ? Je n'ai pas plus envie de maîtriser les choses que d'être violoncelliste ou titulaire d'un doctorat de sanskrit. Le contrôle ne me rassure pas, c'est tout l'inverse, cela me met la pression. Sans compter que la domination et le pouvoir, tous les puissants vous le diront, cela isole. Se laisser faire, adhérer, consentir, s'abandonner, faire confiance n'est pas le chemin le plus facile mais c'est une voie royale. Il est souvent plus facile d'être un « petit chef » – au bureau, en famille… – que de dire oui à quelqu'un d'autre. Obéir, c'est notre bête noire. Comment être heureux dans l'obéissance ? Mes expériences et la lecture des philosophes et des grands témoins spirituels m'ont appris que la seule façon d'apprendre la liberté est de s'affranchir de l'ego…

Échouer, une étape à vivre

Pourquoi voir dans l'échec une faiblesse, une faute, au lieu d'y voir une audace, un gage d'expériences ? Qui n'a pas échoué avant de s'accomplir ? Savoir échouer rapproche plus du bonheur qu'un hôtel 4 étoiles, une semaine de ski ou une bonne note à un examen. Car cela donne des leçons durables. La vie à laquelle je crois ne peut être un échec.

Les Vertus de l'échec, œuvre de l'écrivain et philosophe Charles Pépin, devrait être remboursé par la sécurité sociale. Cet essai revigorant, souvent inconfortable, rend plus combatif, plus vivant ! Car pour lui, l'échec est un pont vers l'avenir. Il donne quantité d'exemples d'échecs réussis ! Rafael Nadal, Thomas Edison, Steve Jobs, la chanteuse Barbara, David Bowie, Serge Gainsbourg, J. K. Rowling, l'auteure de Harry Potter, tous ont subi des revers cuisants. Dans une conférence qu'il donnait autour de son livre à Bruxelles, le philosophe rappelle que nous ne sommes pas des animaux : ceux-ci n'échouent jamais, car c'est leur instinct qui les guide. D'instinct, les animaux font des choses à la perfection, comme le poulain qui, au bout d'une heure, saura marcher. Le petit mammifère, lui, ne marchera pas avant une année.

> « Nous ne sommes pas doués. Nous sommes des animaux ratés, inachevés, des prématurés. Parce que le bébé humain vient au monde bien trop tôt dans son développement, il est donc “*imparfait*” – et il est confronté à des échecs à répétition. Les surmonter va l'aider à progresser très rapidement. Nous apprenons de nos ratages. Plus encore : nous écoutons les leçons que les autres tirent de leurs échecs, et nous apprenons. Rater rime avec liberté. Parce que nous sommes ratés, nous sommes libres. Nous ne sommes pas déterminés par notre instinct à faire ce que nous savons faire. Nous échouons parce que nous sommes libres[1]. »

Quel discours vivifiant ! Quel retournement de perspective !

Ceux qui n'échouent pas sont infantilisés par leur succès. Ils restent dans le fantasme de toute-puissance qui est la marque du jeune enfant. L'échec offre un temps d'arrêt, d'examen, de recul, de retour sur soi. Sa vertu ? Donner la chance d'arrêter d'avancer. Il y a cette merveilleuse citation de Samuel Beckett : « Tu n'as cessé d'essayer ? Tu n'as cessé d'échouer ? Aucune importance ! Réessaie, échoue encore, échoue mieux. » Et Charles Pépin, penseur de l'échec, d'ajouter :

1. Charles Pépin, *Les Vertus de l'échec*, Allary, 2016.

« Il faut progresser dans ses ratages, c'est la sagesse de Beckett. Rater, mais mieux qu'avant. » Et de conclure : « Il vaut mieux échouer de la manière qui nous ressemble que réussir d'une manière qui nous ne ressemble pas. » Ce qui compte, ce n'est pas de s'installer dans le succès mais de progresser dans sa quête. Cette recherche de sa propre voie, loin de l'emprise de la norme, ça a un petit goût de bonheur ça, non ? Et la joie de revenir de loin n'est pas la moindre !

> « Le succès ne procurerait qu'une ivresse, alors que l'échec peut enfanter la sagesse… »

« Accueillir l'épreuve comme un hôte de marque, avec respect, attention, curiosité, confiance », me disait mon ami Thierry Verhelst, atteint de la maladie de Charcot. Nous manquons d'expérience de l'infini. Il existe pourtant une chose folle à tenter : voir ce que la vie donne, pas ce qu'elle ôte. Le moine Br. Shubamrita, disciple de la sainte indienne Amma, a une belle métaphore destinée à ceux qui « chipotent » les cadeaux de la vie – qui n'arrivent pas au bon moment… qui ne sont pas ceux qu'ils attendaient… :

« Quand on reçoit le *prasad* (une offrande de nourriture bénie par le maître spirituel pour ses disciples), on ne demande pas à ce qu'il soit plus sucré ; quand on reçoit une hostie à la messe, on ne demande pas qu'elle soit plus goûteuse. C'est Dieu qui l'envoie. C'est pareil pour les événements de la vie. Il faut tout considérer comme un *prasad* ».

« Où est la vie ? Où est la joie ? Dans le réel, car c'est dans le réel que l'on se bat pour devenir soi-même, pas ailleurs. »

Être dans ce qu'on fait

Pour faire l'expérience du réel, cinq sens inouïs nous sont donnés. Ils promettent un condensé de réel. Pourtant, encore et toujours, jour après jour, les pensées nous en coupent, et on vit là, dans sa tête. Le bonheur n'est pas dans le mental – même si l'on imagine des choses extraordinaires –, il est sous nos yeux, dans un bleu lilas, à même notre peau, dans le sillage d'un parfum, le goût d'une sauce maison, mitonnée au citron vert et à la citronnelle, un quintet de Schubert. Mais nous pensons toute la sainte journée !

Comment éviter que notre mental – ego, dis-moi qui est le plus beau ? – court-circuite la réalité ? Tout simplement : on ne peut penser et sentir en même temps. Mettez votre main dans l'eau bouillante, vous ne pourrez pas penser à votre menu du soir. Sentir. Inversement, si vous rêvez à vos vacances de Noël, vous ne voyez pas ce couple excentrique et joyeux sur le trottoir d'en face. Penser. C'est l'un *ou* l'autre. En pensant, nous quittons le champ d'expériences qui nous est proposé. Nous avons pris la tangente, nous sommes ailleurs, dans nos peurs, dans nos rêves. Le réel nous effraie. Alors on l'esquive, on le maquille, on le déforme. On barbouille. Nous voudrions que la vie soit autre chose. Mais le philosophe Clément Rosset nous rétorque : « Le réel a toujours raison. L'idéal a toujours tort. » Car il n'y a pas d'autre idéal que le réel. Pas d'autre but que d'accepter tout.

Un seul temps existe, un seul temps nous est donné à *vivre*, c'est le présent. Et le présent est le seul lieu du réel. Dans le présent on ne refait pas le passé, on n'espère pas l'avenir, on vit pour de bon, en face. Et c'est là, de face, que l'on peut communier à des moments de bonheur qui élèvent le réel.

Quand je danse, je danse ; quand je dors, je dors. L'art d'être dans l'instant présent est l'art des arts. Être là est un exercice auquel il convient de s'entraîner sans relâche. Ne pas se laisser distraire. Être un avec la réalité, avec ce qu'on est en train de faire, avec la vérité de l'instant. Nulle part ailleurs. Facile à dire, difficile à pratiquer. Presque une utopie surréaliste ! Les méditants le savent mieux que quiconque, le mental est toujours par monts et par vaux. L'instant d'avant, nous n'y pouvons plus rien ; l'instant d'après, nous n'en savons rien. Or c'est là, maintenant, seulement maintenant, que se manifeste le Nouveau.

Le sage de la forêt noire, Karl Graf Dürckheim, dans le sillage de la sagesse japonaise à laquelle il s'était initié, considérait que chaque instant, chaque situation, est la meilleure des occasions pour avancer sur le Chemin et ressentir l'Être. Pour lui, tout peut devenir exercice : il « suffit » de sentir les choses, de les vivre en pleine conscience, non de les penser. Que ce soit en marchant, en s'asseyant ou en épluchant des pommes de terre. Il s'agit d'inscrire ses gestes dans l'instant présent, « être là » relié à sa profondeur, aussi bien en faisant la vaisselle qu'en arrosant une fleur. On peut en effet arroser la fleur parce qu'elle en a besoin et penser à autre chose en le faisant ; mais on peut aussi en faire un « geste d'amour », en prenant conscience de la beauté de la fleur par exemple. C'est d'autant plus important que le geste simple, sans cesse répété, transforme la personne qui le fait.

On a tendance à fonctionner en double tâche : on est sur son ordinateur en train de finir un courrier en retard tout en attendant le JT de 20 heures, télévision allumée ; on écoute son fils réciter sa leçon d'histoire en regardant les SMS pro qui arrivent. La qualité de l'attention qui est portée à ce que l'on fait est pire que moyenne. Quand nous sommes en avion, nous coupons le portable le temps du vol. C'est une déconnection volontaire. De même, sachons être injoignable de temps en temps et plus présent à nos proches. Se débrancher de manière ponctuelle ou partielle, en mode avion, c'est cela le vrai, le grand luxe.

> « Être ici sans se dire que ce serait mieux ailleurs. »

À MÉDITER…
Tout arrive pour le mieux

« Vous devez vous rappeler que tout ce qui arrive, arrive pour le mieux. Il y a une distribution divine des choses. Votre vie eût été appauvrie sans toutes les choses qui vous sont arrivées. Aussi tout doit être accepté, le bon et le mauvais. En fait, vous n'avez pas le choix. Si vous voulez le bon, vous aurez le mauvais aussi. Chaque chose a deux aspects. Si vous voulez le côté face d'une pièce, vous devez prendre le côté pile aussi. C'est inutile d'attendre seulement du plaisir. Le plaisir et la peine vont toujours de pair. Il faut prendre les deux, ou rien du tout. Quand une chose arrive, acceptez-la d'abord. C'est la vérité. C'est arrivé. Pouvez-vous la refuser et dire que ce n'est pas arrivé ? Non. Après avoir pleuré et vous être lamenté vous allez accepter en tout état de cause. Pourquoi ne pas l'accepter dès le début ? Dites "oui" à tout. Quand vous acceptez de plein gré une chose, il n'y a pas de souffrance[1]. »

Svâmi PRAJNÂNPAD

Le rangement :
une thérapie concrète et complète

La « maison » est le lieu où le réel s'exprime dans toute sa majesté : les objets s'entassent, se cassent, la poussière s'accumule, etc.

Ranger chez soi. Il n'y a *a priori* pas plus simple. C'est l'une des rares activités où l'on fait un effort et où l'on est sûr d'avoir un résultat visible. Cela peut faire du bien certains jours ingrats. La cuisine est rangée, propre, elle sent bon, tout est à sa place, une tranquillité règne. On peut pratiquer le ménage (le nettoyage ou le jardinage) comme un exercice contemplatif. Les Japonais sont des maîtres en la matière !

1. *Entretiens avec Svâmi Prajnânpad*, L'originel Accarias, 2011.

D'autres fois, on va être encore plus fier ! On fait du ménage qui ne se voit pas, comme par exemple l'intérieur des tiroirs de la salle de bains. Ou mieux encore : s'atteler au rangement de la cave, au tri des photos sur l'ordinateur ou des papiers administratifs sur la table, sous le téléphone, sous les magazines, sous la tasse à thé. Ranger ici retentit là : l'ordinateur, les papiers ou la cave deviennent des métaphores de notre esprit qui cesse de procrastiner. On ne voit alors plus le rangement et le ménage comme des contraintes ou des corvées mais comme un lieu de satisfaction, et même d'expression.

Tous les humains, depuis l'enfance, sont suspendus à la fin des histoires. Quand on range, classe, trie, on entre dans une histoire avec un début, un milieu et une fin. À la fin de l'après-midi cave, on a réintégré son axe, on s'est réunifié intérieurement. Si on sait attaquer le classement des photos de l'ordinateur différé depuis des mois ou des années, on sent qu'on saura faire la même chose ailleurs. Nous avons retrouvé de la force, nous ne subissons plus.

Chapitre 2

Le bonheur, c'est une autre façon de penser

Le bonheur, c'est une autre façon de penser, d'attendre, de recevoir. Cela invite à la souplesse et à l'ambition, exige des choix et donne une responsabilité : « Nous ne recevons pas seulement des bonheurs, nous pouvons les créer », écrit Christophe André. Le bonheur n'est pas un dû que les dieux auraient à l'égard des hommes.

Nous sommes aveuglés et induits en erreur par nos pensées mais on ne peut les interrompre comme on couperait le son de la radio. Nous ne les gouvernons pas, « ça » pense tout le temps en nous. Pour être calme et lucide, il faudrait donc enrayer ce processus. Cet incessant bruit mental crée un écran entre nous et nous, nous et l'autre, nous et la nature, nous et la vie. Il empêche de trouver le royaume de l'Être. Il est normal qu'il y ait des pensées dans le champ de la conscience. Mais on les a tellement valorisées que nous avons oublié qu'elles sont aussi des ennemies redoutables quand elles sont toxiques et que nous nous identifions à ce que nous pensons. Car on confond ces pensées avec nous-mêmes. « Je suis ce que je pense. » Le succès de la méditation, domaine où l'on s'entraîne à laisser passer les pensées sans s'y agripper, où l'on cesse d'alimenter l'activité même de penser, est une façon de calmer ce flux et de canaliser son attention sur autre chose, comme sa respiration ou une sensation par exemple.

> « On dit qu'une minute sans penser est déjà la plus belle des prières car on fait alors une expérience à nulle autre comparable : être pure présence, présence à la Présence. »

Le même processus est en jeu quand on est en pleine créativité : lorsque nous peignons, que nous jouons d'un instrument, que nous écrivons, que nous jardinons, nous ne pensons pas. C'est la paix des pensées. On oublie les heures qui passent, la chaleur de la pièce, la faim ne tenaille plus, ni la solitude… Il n'y a plus d'espace autre, les pensées n'ont plus leur pouvoir hypnotique. Il n'y a plus de dispersion d'énergie. Mieux : on se recharge au fur et à mesure. Quand on est un avec ce qu'on fait, on est entier, plus rien ne manque.

Dans son best-seller international, *Le Pouvoir du moment présent*, Eckhart Tolle est direct : nous sommes des drogués de la pensée.

> « Le mental aime se faire les dents sur des problèmes, comme les chiens le font avec les os. Voilà pourquoi il fait des mots croisés et invente des bombes atomiques, alors que vous, l'Être, ne portez intérêt ni à l'un ni à l'autre. (...) Vous voulez dire arrêter complètement de penser ? Non, je ne réussis pas, sauf pour un instant ou deux. Dans ce cas, le mental se sert de vous[1]. »

Cette incapacité à s'arrêter de penser est une épouvantable affliction. Pour lui, contrairement au tristement célèbre « Je pense donc je suis » de Descartes, *penser empêche d'être.* Seule la plongée dans l'instant, créatif, sportif, méditatif, sensuel, sauve de penser. Mais la première chose à faire, VITALE, c'est de cesser de s'identifier à ce qu'on pense.

Les pensées au pouvoir

L'empereur romain Marc Aurèle avait déjà identifié le pouvoir de la pensée. « Le bonheur de votre vie dépend de la qualité de vos pensées », disait-il. De fait,

1. Eckhart Tolle, *op. cit.*

notre réalité dépend de ce que l'on dit et de ce que l'on pense. Notre humeur a un lien avec nos pensées. Et inversement. Or, il est intéressant de savoir qu'il est possible de recentrer celles qui nous enferment, pour les transformer en pensées positives et constructives.

Combien de pensées sabotent notre quotidien ? Nous avons tant de croyances limitantes. Ces pensées, qu'on considère comme vraies (et tout est là !!!), nous brident et nous font renoncer à nos ambitions personnelles, professionnelles, sociales. Des croyances qui nous brident, tout le monde en a, souvent sans en avoir conscience. Ces convictions forment le filtre permanent qui colore notre perception de nous-mêmes et du monde. Ni réalité objective, ni vérités, elles correspondent à une façon parmi d'autres d'envisager la vie. Elles se forment à partir d'une opinion qu'on s'est faite et qui s'est renforcée au fil du temps jusqu'à devenir une certitude. Petit à petit, nos croyances finissent par former l'ensemble de règles qui déterminent ce qu'on se considère capable et en droit de faire ou d'accomplir. Une croyance devient limitante lorsqu'elle nous empêche d'agir librement et d'avancer lorsqu'elle impacte notre épanouissement, notre performance.

Nos pensées peuvent alors devenir le plus gros problème de notre vie, alors qu'elles ne reposent sur rien de réel ! Elles agissent comme des œillères. On s'identifie à ce qu'on pense alors qu'il convient toujours de prendre ses distances. Je ne suis pas obligée de croire ce que je pense.

Si nous considérons que le travail est toujours un calvaire, et que nous sommes malheureux au travail, va-t-on chercher à changer les choses ? Probablement pas, puisque nous pensons qu'il est « normal » d'être malheureux au travail, qu'il doit en être ainsi, et que c'est le lot de tout être humain. Dans ce cas, à quoi bon lutter ? Nous allons alors nous résigner, rester dans un emploi qui ne nous convient pas, ne pas nous épanouir professionnellement (au mieux) et souffrir chaque jour (au pire). Tout cela va confirmer la croyance que le travail est bien un calvaire. CQFD. Idem si nous pensons que les histoires d'amour finissent toujours mal ou que c'est trahir ses parents que de s'éloigner de la vie qu'ils nous ont tracée. Cela s'appelle programmer son propre malheur. Une petite introspection sur nos pensées n'est pas de trop ! Nous devons exercer une certaine défiance vis-à-vis de chacune si nous voulons pouvoir exercer notre discernement. Ce n'est pas parce que nous avons une opinion sur une question que nous sommes dans la vérité !

Nous ne maîtrisons pas tout, mais nous avons tout de même la capacité de choisir une pensée plutôt qu'une autre ! Ne nions pas notre responsabilité personnelle, car elle existe : ne sommes-nous pas capables d'approuver et d'accueillir, comme de désapprouver et de refuser une pensée qui apparaît dans notre esprit ?

« Ne vous énervez pas sur ce qui pourrait aller mal, enthousiasmez-vous pour ce qui pourrait fonctionner[1] », propose Xavier de Montépin. On se prive d'heures heureuses avec des étiquettes qu'on s'est collées, des croyances que l'on a inscrites dans le marbre. Et si on secouait l'arbre aux croyances limitantes ? Cessons d'être tiède, timide, complexé. Si on arrêtait de rêver petit ? D'où vient que l'on s'interdit d'avoir de l'ambition pour sa vie ? D'exiger des choses de soi et des autres. Pourquoi ne pas aussi secouer Dieu, l'appeler, râler même ? La Bible est pleine d'amis de Dieu qui se plaignent de lui !

> « Nous croyons être diminués par nos faiblesses alors que nous sommes freinés par la peur de notre puissance. »

Es-tu des nôtres ?

Les Pères du désert, des ermites qui vivaient dans les déserts d'Égypte, de Palestine, d'Arabie et de Perse aux IIIe et IVe siècles, étaient réputés pour être de grands médecins des âmes. Ils considéraient que le contenu

1. Xavier de Montépin, *Perdita*, 1859.

de nos pensées permet de voir si notre cœur est en bonne santé ou s'il est malade. Autrement dit, si l'on est connecté à son être profond ou si on vit en surface.

Ils menaient une véritable guerre aux pensées. Trop terrestres, trop charnelles, elles éloignent de l'expérience de l'Être, de Dieu. Les Pères du désert ont une méthode : ils interrogent chaque pensée comme on le fait avec une personne étrangère. Cette extrême attention permet de prendre de la distance à leur égard, seule façon pour que l'intelligence puisse exercer son discernement. Une pensée surgit. La question posée est étonnante : « Es-tu des nôtres ? » Autrement dit : « Es-tu une alliée ou une ennemie ? » Souvent, c'est simplement une bavarde qui parle pour ne rien dire. La regarder en face, l'identifier pour ce qu'elle est, l'empêche de se fortifier, cachée dans notre esprit : les pensées inutiles ou mauvaises n'aiment rien moins que la lumière.

Si la question « Es-tu des nôtres ? » engendre le trouble ou la tristesse, on la chasse le plus vite possible (quand on y arrive !). Elle vient apporter le désordre, pas la paix. C'est une façon de réserver l'accès à la ville fortifiée qu'est votre être profond. Résister aux pensées est un combat à mener sans se décourager. Dans cet exercice de haute précision, une prise de conscience est douloureuse : réaliser combien nous sommes souvent complices de nos pensées, comme nous nous laissons volontairement embarquer dans des « histoires » qui nous tirent vers le bas.

Conte de sagesse
Savoir passer à autre chose

Deux moines zen en pèlerinage qui arrivent au gué d'une rivière. À cet endroit, ils voient une jolie jeune femme embarrassée qui se demande comment passer la rivière sans mouiller et abîmer sa robe en soie. L'un des moines, sans autre forme de procès, la prend sur son dos, traverse le cours d'eau puis la dépose, propre et sèche, sur l'autre rive. Les deux moines continuent leur route.

Le premier moine finit par éclater au bout d'une heure de fulminations :

« Te rends-tu compte de ce que tu viens de faire ? Tu as touché une femme, alors que c'est formellement interdit par nos commandements ! Comment as-tu pu faire une chose pareille ?

– Je l'ai déposée il y a une heure, répond l'autre moine. Pourquoi la portes-tu encore ? »

Le silence des pensées

Il y a le silence extérieur, mais il y a aussi, et surtout, le silence intérieur. Marquer un temps d'arrêt dans ses occupations ordinaires, couper court au flot des pensées n'est pas facile ! C'est même très difficile !

Et cela ne s'obtient pas tout seul… Comment s'y exercer consciemment ?

Notre cerveau a une double fonction : recevoir des informations et en émettre d'autres. Lorsqu'il reçoit, il n'émet pas ; lorsqu'il émet, il ne reçoit pas. Dit autrement, on ne peut penser et sentir en même temps. Il arrive que le cerveau lorsqu'il émet (des pensées) « s'emballe » au point qu'on ne parvient plus à les contrôler. On pense alors sans s'arrêter et c'est épuisant, nous en avons tous fait l'expérience. Inversement, la réceptivité (se mettre à l'écoute, se rendre attentif à sa respiration…) procure au cerveau un repos salutaire : pendant qu'il est en réceptivité, il n'émet pas, il ne « pense » pas.

Les exercices de réceptivité qui existent pour court-circuiter le mental s'appuient tous sur les cinq sens : vue, toucher, ouïe, odorat, goût.

Par exemple, se perdre dans la contemplation d'un bouquet de fleurs sur une table, sentir sous ses doigts le rugueux ou le lisse d'une étoffe, respirer un parfum à l'ambre, etc. Ces exercices doivent se faire sans analyse mentale, en étant simplement dans l'accueil de la sensation (visuelle, auditive, olfactive…) telle qu'elle est. Peu à peu, cet état de plus grande réceptivité devient un moyen de devenir plus attentif au silence en soi et de faire, peut-être, l'expérience de l'Être.

Il est impossible d'arrêter de penser. Ce qui est possible, et nous sommes là au cœur de la pratique de la méditation, c'est de ne plus s'attarder sur ce que l'on pense, de savoir que les pensées vont passer comme des nuages car elles appartiennent à la surface de nous-mêmes. Nous prenons conscience de la quantité de nos pensées, de l'absence d'intérêt de l'essentiel d'entre elles et de leur côté compulsif.

C'est comme ça. L'accepter. On ne réoriente les choses en profondeur que si on part de la réalité. Sinon c'est de la rêverie. C'est agréable, mais stérile.

Je ne suis pas ma pensée. Elle est impermanente.

Je ne suis pas mes sensations. Elles sont impermanentes. Je suis calme et immuable.

Il n'y a qu'un seul conseil à suivre : ne pas s'intéresser à ce que l'on pense, ne pas commenter, interpréter. Revenir fermement à ce qui est, à sa respiration. Une fois, deux fois, cent fois, mille fois. Penser est naturel, je reviens, je respire. Puis ma pensée va s'évader à nouveau. Prendre l'habitude de couper, de revenir au souffle.

Et pour ceux qui tergiversent, hésitent entre deux options et n'arrivent pas à prendre une décision, un conseil de moine : choisir celle qui procure le plus de joie.

Ne pas penser avec le mental mais penser avec le cœur est un choix de vie engageant. Une fois posé, cet acte a des conséquences, la conscience s'éveille (et elle n'a rien à voir avec la « bonne conscience » !) Il y a des choses que l'on sent devoir faire, d'autres que l'on ne peut plus faire… La conscience est un appel à quitter les conforts.

À MÉDITER…

Repositionner sa pensée

« Le cerveau est un formidable ordinateur. Si vous lui donnez le bon programme et la bonne requête, il vous donnera le résultat de ce que vous avez demandé. C'est ainsi que vous pouvez vous corriger facilement lorsque vous vous entendez dire : "je ne veux plus…", en reformulant à voix basse : "ok, mais qu'est-ce que je veux à la place ?"… Laissez venir la réponse et repositionnez votre pensée et ensuite votre décision interne. Parlez et pensez "affirmatif". Laissez de côté la négation. Transformez les situations que vous vivez. Identifiez le positif même dans ce qui vous semble être négatif. Restez confiant face à l'avenir et en vous-même. Persévérez. Testez et observez[1]. »

Geneviève KREBS, spécialiste des blocages humains

---

1. Geneviève Krebs, *Et si tout me réussissait ? Les secrets de la loi d'attraction*, Eyrolles, 2016.

Les interprétations ont un pouvoir immense sur notre vie. Combien de gestes ont été posés, de mots prononcés avec des conséquences terribles à cause d'une mauvaise interprétation. Contre ce poison humain, rien de mieux que la vérité. Dire la vérité, sortir des non-dits. Avoir des conversations authentiques. Cela coupe court, ou presque, à l'imagination. Christine, une amie à qui je demandais son avis sur le début d'un de mes livres, m'a répondu avec une honnêteté confondante : « Ne me demande pas ce que je pense, je ne pourrais pas te mentir. » Voilà qui est frontal mais pourquoi ne pas l'être de temps en temps ? Non comme un taureau mais comme un diamant qui coupe et brille à la fois. On cherche la vérité autant que le bonheur. « Que pensent *vraiment* les autres de moi ? » est une interrogation que l'on connaît trop bien. La question philosophique sous-jacente est : « Où en suis-je avec la vérité ? »

Pour être heureux, se sentir juste, il faut à un moment oser dire les choses en face. La vérité est une rencontre. Comme l'écrivait Ralph Waldo Emerson, « la vérité n'est la propriété de personne mais le trésor de tous ». Sa seule quête nous change progressivement, nous affine comme l'or au creuset. Hélas, elle fait peur. On craint que le fait de dire sa vérité ne déclenche une conversation désagréable. Mais il n'y a parfois pas d'autres moyens si on veut trouver une solution à deux. N'est-ce pas être peu ambitieux avec soi-même, et pour la relation, que de mettre le confort avant la vérité ? Les conforts passent, la vérité reste. Le bonheur vise haut, pas tiède ; vise dans le vrai, pas dans le compromis.

Dire les choses en face, se dire en vérité, dans ce qui fait honte, ce qui est tabou, ce qui est mensonge : « j'ai menti sur l'argent, sur mon âge, sur mon divorce ; j'ai caché des documents compromettants ; j'ai perdu mon travail ; j'ai replongé dans l'alcool ; je suis homo ; j'aime quelqu'un d'autre… » Sonner juste, c'est s'accorder à la vibration du vivant, c'est simplifier le monde. Être vrai, comme une offrande à ceux que l'on aime, être vrai et prendre le risque du rejet. Faire le pari de la confiance, l'amour peut être plus fort que le jugement. Le bonheur est à ce prix. Mais si la vérité est un risque à prendre, que dire du mensonge ?!

Prendre de l'altitude

Il n'est pas facile, lorsque nous sommes pris dans un mode de vie que nous avons choisi, de reconnaître qu'il nous empêche de nous épanouir. Jusqu'à ce qu'une situation, un événement de la vie fasse soudainement ressentir la nécessité d'une remise en question. Comme il est fécond de douter ! On réalise alors parfois que l'on est dans une imposture. On voit l'écart entre ce qu'on vit, et ce qu'on est. On comprend qu'on est à côté de l'essentiel. Que ce qui fonctionnait, qui rendait heureux, ne fonctionne plus. Prendre de la distance est la seule manière de ne pas stagner dans une situation critique. Alors on fait concrètement un pas en arrière pour visualiser les choses dans leur ensemble, les analyser. Si vous vous sentez pessimiste, déprimé, affolé, changez de vitesse et d'activité : quittez la maison, baladez-vous dans la rue, appelez un ami, sautez sur place, asseyez-vous ou dansez, peu importe mais changez d'air pour dompter votre humeur. C'est la première étape. Ensuite, vous pouvez commencer à (vous) analyser…

Prendre du recul, c'est changer de focale, regarder la situation sous un angle plus large. On n'a plus le nez sur le guidon, on prend le large, on s'offre un espace, sans quoi on ne peut relativiser. Le bonheur et le malheur sont une question de point de vue. Pour connaître son point de vue, il faut prendre le temps de savoir ce qu'on pense, ce qu'on ressent, sinon on reste collé aux émotions et il est impossible d'agir, ou alors d'une manière qui peut être regrettable. On ne peut pas échapper aux épreuves. Chacun d'entre nous traverse des expériences négatives : on peut les traverser et les subir, ou les traverser et y déceler quelque chose qui va apporter une compréhension plus juste. Ce pas de côté permet de chercher ce qui est derrière l'épreuve : d'où elle vient ? Jusqu'où une réaction malheureuse pourrait-elle nous entraîner ? Il n'y a pas d'autre façon pour *s'ajuster* à la situation. « Tout est bien », dit-on tout le temps dans le centre spirituel orthodoxe que je fréquente. Tout est en place, comme cela doit être. En toute chose existe un point avec lequel je peux m'accorder, si je le veux bien.

CONSEILS POUR ÉLARGIR SON ESPRIT

Ces proverbes tibétains
sont issus de la pratique bouddhiste
du *lojong* (littéralement « transformer l'esprit »)

- Ne pratique pas de façon arrogante.
- Ne sois pas partial.
- Change ton attitude intérieurement.
- Ne parle pas des défauts d'autrui.
- Ne pense rien des fautes d'autrui.
- Purifie d'abord tes plus gros défauts.
- Abandonne tout espoir de résultat.
- Ne sois pas rancunier. Ne prends pas plaisir aux paroles négatives.
- N'attends pas l'occasion d'une revanche.
- Ne heurte pas le point sensible.
- N'utilise pas les autres comme boucs émissaires.

- N'aie pas l'esprit de compétition.
- Ne fonde pas ton bonheur sur le malheur d'autrui.
- Pratique l'essentiel maintenant.
- Ne pratique pas épisodiquement.
- Observe, examine, et libère-toi.
- Pratique sans vanter tes mérites.
- Ne sois pas coléreux.
- Ne sois pas changeant.
- N'espère pas de gratitude.

Chapitre 3

Élargir son histoire

Sans en avoir conscience, on vit souvent dans un univers psychique étriqué. La façon dont on a été conditionné empêche l'air de circuler. Dès l'enfance, pour plaire à ses parents, on se construit un personnage, on se colle des masques. À partir de là, on se bloque dans un répertoire, et on joue sans cesse les mêmes rôles. On avance engoncé dans les vêtements d'un personnage qui essaie de ressembler à ce qu'on attend de lui. Comment être heureux sans être soi-même ?

Décoller le nez de sa biographie

Nous sommes fascinés par notre petite biographie personnelle. Nous restons le nez collé dessus, en pensant souvent qu'elle est une succession de moments plutôt dramatiques. Nous aimons dresser le constat d'une vie en demi-échec. Alors on se plaint de ceci, de cela. Comme si nous étions piégés dans une histoire, comme si nous ne pouvions pas nous en extraire. Nous nous vivons comme impuissants. Nous adhérons tellement à cette histoire que nous nous racontons que nous avons du mal à inventer d'autres scénarios possibles. L'essentiel est de modifier progressivement nos conceptions fausses. Avec une lampe de poche à garder toujours sur soi pour éclairer la pancarte « La pensée crée ».

Se limiter à un seul scénario est l'une des raisons pour lesquelles le bonheur se réduit souvent au plaisir. On peut fort heureusement envisager la vie autrement que comme une succession de drames que l'on répare avec des plaisirs… Pour élargir son histoire, la première chose à faire sera donc de se décoller un petit peu de sa vie. Être collé, c'est être passif, soumis. Se décoller, c'est commencer à croire que l'on peut être créateur de son histoire. Alors un embryon d'autonomie commence à faire son chemin dans notre tête…

Nous n'avons qu'une vie, il est urgent d'en être acteur. De fait, se donner le statut de créateur c'est, tout d'un coup, avoir un pouvoir. Un pouvoir intérieur que nous avions, et dont nous ignorions tout. Le pouvoir et l'autonomie sont très liés. Il n'y a pas si longtemps encore, on avait un style de vie et on n'en sortait pas. Les premières femmes qui ont décidé de faire des études de médecine étaient moquées dans les amphithéâtres de la faculté. Il faut du courage pour déchirer les étiquettes, déchirer l'image que les autres se font de nous.

Devenir créateur de son histoire, c'est cesser de se voir comme une victime de son histoire, c'est savoir que l'on a le droit de choisir, et le faire enfin. Faire des choix, et savoir qu'ils auront des conséquences sur nos actions, et que nos actions auront à leur tour des conséquences. Et l'histoire s'élargit… D'ailleurs, ce n'est pas tant notre histoire que nous pouvons agrandir – elle est définitivement inscrite dans le passé – que l'interprétation que nous lui donnons aujourd'hui. Celle-ci, nous pouvons la changer.

Pourquoi trouvons-nous sans cesse des excuses pour ne pas faire les choses que l'on sait devoir faire ? Des excuses auxquelles il nous arrive même de croire. Une excuse n'a pourtant jamais fait évoluer personne. Je ne peux pas le quitter à cause des enfants, je ne peux pas lâcher ce travail car mon mari ne travaille pas, j'arrêterai de boire plus tard, je n'ai pas encore le courage, je suis trop fatigué, je n'ai pas le temps, pas l'argent… On a le droit de se donner des excuses, mais il faut être conscient de ce que l'on fait. Ce mécanisme pousse à la passivité, à la tiédeur et n'est rien d'autre qu'une forme de sabotage. Il faut mettre une première poussière dans les rouages, se dire : « Là, maintenant, j'identifie ce que cette excuse m'empêche de faire, ce que cette répétition m'empêche de réaliser. » Et là, tout de suite, dire : « Je ne veux plus être avalé par ce processus qui étrique ma vie, l'aplatit, l'étouffe. » L'homme vaut mieux que ses peurs. Il en est une qui avance masquée : on a souvent plus peur de réussir que d'échouer… Et vous ?

> « Dis-toi d'abord qui tu veux être, puis fais en conséquence ce que tu dois faire. »

Attention aux schémas familiaux

On a une vision de soi, de ce dont on est capable ou pas, de ce que l'on a le droit de vivre ou pas. Les schémas familiaux pèsent de tout leur poids. Nous avons été conditionnés et nous sommes inconsciemment pris dans un pacte de loyauté vis-à-vis de nos ascendants. On croit devoir répondre à des attentes qui ne sont pas légitimes et on porte, bien plus souvent qu'on ne le pense, des charges et des chagrins qui ne nous appartiennent pas. On reproduit consciencieusement des schémas familiaux… Ai-je ou non le droit d'être heureux ? Mes parents m'ont-ils dit que j'étais doué ou laissé entendre que j'allais avoir du mal à me faire une place dans la vie ? Suis-je dans une famille où le bonheur se pratique de génération en génération ou lui court-on plutôt après ? Il faut faire attention : le système familial est un organisme vivant et ses membres sont interdépendants. « Les parents ont mangé du raisin vert et les enfants en ont eu les dents agacées », dit Ezéchiel dans la Bible. Nous appartenons à une lignée qui est comme un grand corps vivant, dynamique, les hommes et les femmes qui y appartiennent continuent d'agir en nous.

Dans certaines familles, le bonheur relève du sacrilège, c'est un gros mot. Être heureux y est un interdit, souvent depuis des générations. Difficile d'oser dévier de l'injonction familiale. Comment s'autoriser le bonheur quand ses parents en ont été privés ? On se soumet à la malédiction du clan alors qu'il faudrait donner un grand coup de pied dans la fourmilière. Il appartient à la génération présente de rejeter ces lois non dites, de penser et d'énoncer clairement que « la malédiction familiale et son interdit au bonheur ne passeront plus par moi ». Dire : « Je ne suis plus consentant. »

> « Le bonheur est un exercice de liberté qui nécessite une introspection, une fine connaissance de soi et de ses conditionnements. »

Dans ma famille, nous avons une maladie mal identifiée de la coagulation sanguine. Elle tue indifféremment hommes et femmes en se souciant peu de leur âge. Il y a vingt ans, pour l'anniversaire de mon père et alors que toute sa famille s'était déplacée à Paris, l'Hôtel-Dieu avait ouvert le service d'hématologie un dimanche pour nous. Soixante personnes à tester, la recherche se frotte les mains !

J'ai appris que j'étais porteuse de la mutation, comme un grand nombre d'entre nous. Cela ne m'affecte pas car je ne me sens pas concernée. Je me considère comme un porteur sain. Ainsi, de même que je peux porter le virus de la grippe sans la déclarer, je ne développerai pas ce problème sanguin de façon mortelle. Je n'en *sais* objectivement rien mais j'en suis sûre, et cela me suffit pour ne pas le craindre. Une peur et une malédiction de moins !

> « On peut déchirer un scénario ou refuser de le jouer. »

La méconnaissance de l'étendue réelle de notre liberté nous handicape, car bonheur et liberté sont frères jumeaux. Vouloir le bonheur, c'est vouloir être libre, rien de moins ! Mais est-ce que j'ai vraiment envie d'être libre ? Pas si sûr. L'esclavage est plein de bénéfices secondaires car nos conditionnements, on les connaît. On a même fini par s'y habituer. Est-ce que mes conditionnements ne sont pas finalement plus rassurants ? On tient à nos conditionnements comme à la prunelle de nos yeux. Les schémas familiaux sont tellement bien enkystés que si on ne fait rien pour les déloger, ils resteront pour les siècles des siècles, de génération en génération. Si on est esclave, c'est de notre façon de prendre les choses.

Heureusement, nous ne sommes pas « cousus » à notre famille et à ses chaînes générationnelles. On peut faire un pas de côté, prendre le contre-pied et se déployer vers plus haut, plus beau, plus libre surtout.

(se) Donner ce qu'on n'a pas reçu

Nous exigeons que l'autre reconnaisse nos compétences, nous encourage, nous comprenne… Nous attendons de l'attention, nous souffrons de ne pas en recevoir assez, du moins pas celle que l'on attend. Quand on ne la reçoit pas, on en conçoit de la frustration ! C'est notre réalité quotidienne. Pourtant, quand on arrive à renoncer à attendre certaines choses de l'extérieur, on comprend que l'on peut être acteur de sa vie. C'est un changement total de perspective. On peut décider de se donner à soi-même les choses nourricières dont on a besoin. On en a le droit. Il n'y a rien à faire, il y a juste à comprendre cela. On peut d'autant mieux donner aux autres qu'on a appris à se donner à soi-même.

Nous pouvons faire la liste de ce que nous n'avons pas reçu. Puis dresser celle de ce que nous attendons des autres. Avez-vous vu le nombre de nombreux points communs entre les deux listes ?! Prendre conscience de cela, c'est déjà faire la moitié du chemin. On peut agir sur ce qu'on comprend, pas sur ce qui est caché, encore inconscient en nous.

« Je n'ai jamais vraiment reçu de chaleur humaine, alors j'ai du mal dans mes relations avec les autres, je reste en retrait. » ; « J'ai reçu peu d'amour de mes parents, cela explique la difficulté que j'ai avec mes propres enfants. » ; « On ne m'a jamais fait confiance lorsque j'étais petit, aujourd'hui je n'ai pas confiance en moi. »… Conditionnés oui, mais pourquoi s'auto-persuader que l'on ne peut pas dépasser cela ?

« Je ne peux donner que ce que j'ai reçu. » Quel manque de foi en soi, dans les événements et les rencontres de la vie ! Ouvrons au moins la porte à la possibilité que cela soit possible. Je connais tant de personnes qui m'ont prouvé l'inverse et qui donnent ce qu'elles n'ont jamais reçu. Pourquoi ? Parce que nous sommes des êtres illimités ! Par exemple, mon amie Salma. L'alcool, les coups de son mari qui la prostitue, la rue. Une main un jour se tend, elle sort la tête de l'eau. C'est long, c'est dur, elle y arrive comme elle peut. Redevenir comme avant ? Non, devenir une autre qu'avant, une autre plus forte. Elle met sa force dans son sourire, elle donne sa joie, elle met toutes ses forces dans la rencontre. Avec son extraordinaire sourire, et la force que je lis dans ses yeux, elle arrive, elle s'approche du bonheur. Et puis par moment la douleur s'engouffre, elle se mure, ne répond plus au téléphone, ni même aux SMS, parfois elle croit qu'elle ne veut plus vivre. On ne la voit plus, elle se cache, on s'inquiète, elle ne veut être vue que souriante. Il y a toujours un prix pour donner ce qu'on n'a pas reçu. Et elle nous revient, lumineuse, la vie gagne avec elle, et elle gagne avec la vie.

Combien de parents se tiennent debout, après une enfance dévastée, et essaient de faire mieux que ce qu'on (n')a (pas) fait pour eux ? Un signe pour les reconnaître : ils veulent être parfaits, ils ne veulent pas faire d'erreur. Enfants courageux, privés de tout, ils sont devenus des adultes qui se relèvent les manches. Ils prennent tout l'amour qu'on leur donne là où on leur en donne, vont chercher de l'aide, suivent des conférences, une thérapie, lisent des livres de témoignages et recollent les morceaux. Et parfois, grâce à tout cela, à une envie d'aimer immense, ils arrivent à donner ce qui leur a manqué. Les encouragements, les félicitations, les câlins, la présence, les histoires, les repas en famille. Je ne parle pas d'une vie chez les bisounours où tout finit bien, je dis que prendre une belle et noble revanche sur la vie est possible. Je peux décider de cesser de vivre dans le regret permanent (et souvent entretenu) de ce que je n'ai pas reçu. Décider que ce qui me manque, je vais me le donner. Devenir acteur de ma vie. Cela a un effet vertueux : ne demandant plus la lune aux autres, ils peuvent être eux-mêmes avec moi. Nous attendons des autres qu'ils nourrissent nos *besoins*, c'est une demande injuste, disproportionnée, trop violente. Combien ont vu leurs amis se détourner parce qu'ils se sentaient piégés, étouffés. Décider de s'offrir l'attention qu'on attendait des autres, c'est choisir de poser des actes, petits, un par un…

Décapiter l'être idéal que je ne suis pas

Nous pouvons détricoter le vêtement qui nous gratte ou dans lequel nous nous sentons à l'étroit. On peut se faire accompagner pour identifier nos limites, celles qu'on nous a posées, que nous avons acceptées, celles aussi que l'on s'est imposées, et patiemment, délibérément les repousser. Fréquenter un thérapeute n'est pas la panacée. On ne trouve pas le bonheur dans un cabinet. Mais on apprend à comprendre comment on fonctionne, comment on répète des enchaînements malgré nous, comment on se replie.

Ce faisant, on fait connaissance avec l'inconnu que nous sommes, et on entre en un compagnonnage plus agréable avec soi-même. Sur le chemin du bonheur, c'est déjà un excellent début. Mais on peut aussi être heureux sans voir de psy !

Oui nous avons des limites, nous pouvons les faire reculer un petit peu, puis encore un petit peu. Des limites qui nous restreignent. Hier, on devait suivre des modèles de vies parfaites. Aujourd'hui, on met surtout en avant des modèles de performance. J'ai gagné mille points bonheur le jour où j'ai compris que je ne devais plus chercher, par exemple, à correspondre à un idéal. Je m'épuisais d'échec en échec, je ne devenais rien, surtout pas moi-même. On s'épuise à vouloir être une fille idéale, une mère idéale, une épouse idéale, une amie idéale… Être juste soi-même, c'est déjà la grande aventure. Pour arriver à être heureuse, je dois apprendre à être toutes les Anne à la fois, tous les aspects de Anne, pas seulement la Anne que je considère comme aimable. Faire de la place à la personne vulnérable imparfaite que je suis aussi et ne pas la cacher derrière des masques. Quand Moïse quitte l'Égypte, où le peuple hébreu est retenu en esclavage, il prend la route du désert vers la Terre promise et emmène tout le monde : collecteurs d'impôts, bergers, prostituées, hommes et femmes, jeunes et anciens… L'homme dans son intégralité est appelé à être libéré. Vouloir être quelqu'un d'idéal, c'est claquer la porte au bonheur. Il n'y a pas de bons ou de mauvais rôles, l'homme n'entre en « Terre promise » que tout entier.

Chapitre 4

Connaître ses besoins

Pourquoi avoir les yeux plus gros que le ventre ? La vie m'a appris à ne pas me tromper de bonheur. Qu'est-ce que je veux vraiment ? Je sais que mon bonheur ne ressemblera pas au tien. Et inversement. On n'a pas les mêmes goûts culinaires, pas les mêmes aspirations morales ou spirituelles, on ne rit pas des mêmes choses, on n'a pas les larmes aux yeux pour les mêmes films, on ne souligne pas les mêmes passages dans les livres. Cela fait du bien de ne pas chercher à avoir le même bonheur que les autres.

Il n'y a rien à comparer, pas de challenge. Il y a un chemin personnel, exigeant, brûlant, décourageant, il faut cent fois sur le métier remettre son ouvrage. Mais il nous ressemble. Nous nous relevons les manches ou pas ; nous concourons – voire nous combattons – non pour la première place mais pour « en être », en être dans sa vie, dans ses choix, dans ses responsabilités.

Pouvoir simplement se dire j'ai tout fait, presque tout essayé. Se dire j'ai fourni les efforts qui étaient dans mes cordes, mais le résultat ne m'appartient pas, les fruits ne dépendent pas de moi, c'est tellement reposant. C'est l'abandon, le « chacun sa part ». Je fais la mienne avec ardeur, courage, espérance. La vie fait la sienne, avec toute sa bonté méconnue.

« Les gens », c'est moi

Nous n'avons pas tous les mêmes besoins, nous ne subissons pas les mêmes tentations, nous ne nous rassurons pas non plus de la même façon. Et pourtant, tout veut nous faire croire que nous sommes nés pour consommer, massivement et sans discernement. « Tu reprendras bien une part de gâteau ? » ; « Tu ne prolongerais pas ces vacances par un week-end ? » ; « Une troisième montre connectée offerte pour deux achetées »… Nous voulons toujours plus. Plus de quoi ? De tout ce qui est possible. Plus de rêves, plus de choses matérielles et on subit de plus en plus de compulsions (nourriture, achats, jeux, sexe…). Tous ces excès d'achats, ces heures au téléphone ou sur l'ordinateur, ces listings de choses à faire, à voir, à manger, à offrir, à essayer, de succès, de conquêtes… Pour reprendre une image du Dalaï-lama, nous sommes aussi naïfs qu'un enfant qui cherche à attraper un arc-en-ciel pour s'en faire un manteau ! Avant de réclamer toujours plus, on peut commencer par changer la focale.

D'une part, qu'espère-t-on et que peut-on compenser avec des plaisirs limités, périssables ? Rien. « Je n'ai pas d'iPod, dit Sean Lennon. Avoir trois mille chansons est aussi peu appétissant que de manger cinq kilos de caviar. Je préfère écouter la face A d'un album, puis faire une pause pour écouter la face B. » Tout simplement. Nous voulons toujours plus.

D'autre part, est-ce après nos désirs que nous courons ou après ceux des autres ? Sommes-nous incapables de nous démarquer par nos opinions, nos goûts, nos façons d'agir et de réagir ? Est-il à ce point rassurant d'être noyés dans la masse ? La masse, nous en faisons partie. Quand je m'entends dire : « Les gens ne disent plus merci, gobent n'importe quoi, sont devenus perso… », j'essaie de me rappeler au plus vite que « les gens », c'est moi.

Pour aller plus loin dans cette idée, « les gens, c'est moi », il y a cette sentence de Jésus relatée par deux évangélistes : « Ne jugez pas, et vous ne serez pas jugés ; ne condamnez pas, et vous ne serez pas condamnés. Pardonnez, et vous serez pardonnés. Donnez, et on vous donnera : c'est une mesure bien pleine, tassée, secouée, débordante, qui sera versée dans le pan de votre vêtement ; car la mesure dont vous vous servez pour les autres servira de mesure aussi pour vous[1]. » « Car on vous jugera de la même manière que vous aurez jugé et on utilisera pour vous la mesure dont vous vous serez servis[2]. » Personnellement, cela me remet à ma place. L'autre et moi, nous sommes unis, reliés. Encore une fois, notre responsabilité est engagée… Je ne serai jamais heureuse tant que je pointe l'autre du doigt.

Il convient de distinguer cette humanité à laquelle j'appartiens de la masse dont je dois me distinguer sous peine de courir en vain après le bonheur. J'ai tout à gagner à quitter les moutons de Panurge et à avoir sur la vie, et notamment sur la mienne, une opinion *personnelle*. Nous ne sommes pas vraiment heureux parce que nous courons après un bonheur qui n'est pas le bon, pas à notre taille. Nous rêvons du bonheur d'un autre parce que nous n'avons pas pris le temps de réfléchir à ce qui fait notre bonheur *à nous*. Ce qui me comble moi, *ce qui me suffit à moi*. Certains ont besoin de peu, d'autres de plus. Il n'y a pas à être autre que ce qu'on est. Je dois juste apprendre à savoir où j'en suis moi, aujourd'hui. Pour ne pas être frustré de choses dont je n'ai ni besoin ni envie. Ne pas chercher à être comme tout le monde. Cela ne fait que générer des souffrances qu'on peut éviter.

1. Luc 6, 36-38.
2. Matthieu 7, 2.

Il y a dans la recherche du bonheur un grand piège, c'est celui de la comparaison. Comparaison avec les autres, avec avant, avec « ce qui aurait pu se passer si seulement je…, si seulement les autres… » Poison insidieux.

Pour ne pas perdre son temps, son argent, son moral, il faudrait délimiter une zone, se mettre au centre d'un cercle. À l'intérieur de la zone il y a moi, ce qui me touche, me fait du bien, me fait réfléchir, m'élargit… À l'extérieur, c'est la vie des autres et tout ce qui les rend (supposément) heureux. Et on va essayer de vivre chez nous et de les laisser vivre chez eux. Ce cercle n'est pas une bulle d'égocentrisme – moi moi moi – mais un espace dans lequel je suis vraiment moi, ni plus ni moins. Où je ne manque pas d'une maison de campagne pour être heureuse car cela n'appartient pas à mes besoins. D'ailleurs je n'ai pas les moyens et je ne sais pas conduire. Est-ce que j'ambitionne d'être premier violon ? Non. La maison de campagne c'est pareil. Nous confondons rêve et besoin. Rêver d'avoir des enfants quand on ne peut pas, c'est comme aspirer à jouer le concerto pour violon en ré majeur de Tchaïkovski en une année de cours. Pourquoi courir après l'impossible ? Le principe de réalité est incontournable. J'ai longtemps désiré poser un jour mes pieds et mes yeux sur l'île de Pâques. Je n'en ai nul besoin mais c'est un vieux rêve. Si tous mes amis se cotisaient pour m'offrir ce voyage pour mes 60 ans, qu'est-ce que je ressentirais vraiment ? Je peux mourir sans. En plus, c'est mauvais pour mon empreinte carbone ! Moralité ? Je n'y pense plus (même si j'en parle !)

Rien de tel que sortir de la routine pour changer de perspective, avoir un nouveau regard et des idées qui sortent de l'ordinaire. Soyons curieux, intéressons-nous à de nouveaux sujets, acceptons de considérer des idées *a priori* absurdes, fixons-nous de nouveaux défis ou essayons de faire des choses que nous n'avons jamais faites. Mais comment entrer dans le jeu si l'on n'a pas pris conscience de ses atouts ?

Connaître (aussi) ses talents

Dans l'avion, les ceintures bouclées, l'hôtesse de l'air dispense les consignes de sécurité. L'une d'entre elles est une véritable règle de vie que l'on aurait tort de ne pas appliquer. En cas de dépressurisation de la cabine, un masque à oxygène tombe automatiquement devant les passagers. S'il est accompagné d'un mineur, un adulte doit s'équiper du masque à oxygène *avant* de mettre celui de l'enfant assis à côté de lui. Sans quoi il ne pourra l'aider. Nous pouvons filer la métaphore avec notre vie : si j'ai un regard abîmé sur l'être que je suis, l'autre le sent, l'autre s'en sert. Si je ne me reconnais pas *d'abord* comme un être singulier, intéressant, attachant, riche de potentialités, tout est biaisé.

Le contraire du bonheur n'est pas le malheur, c'est de gâcher ce qu'on a reçu, c'est de considérer les choses comme dues. Dans la Bible, on trouve une parabole exceptionnelle, la parabole des talents[1]. Ses enseignements, universels, sont d'une grande richesse.

Jésus raconte l'histoire d'un homme qui part en voyage après avoir confié son argent – « des talents » – à trois serviteurs. Il ne distribue pas le même nombre de talents à chacun. L'un reçoit un talent, l'autre deux et le troisième cinq. Le constat rappelle un vécu universel : l'égalité n'existe pas, certains ont plus de chance ou ont reçu au départ plus que d'autres. Mais le serviteur qui a eu cinq talents est-il plus heureux que celui qui n'en a eu que trois ? Dans la vie, l'amas de richesses ou de dons nous satisfait-il ? Mais la question posée par la parabole n'est pas celle de savoir si celui qui a davantage que les autres est plus heureux ou pas…

L'argent n'est pas donné aux serviteurs, il leur est confié. Pendant l'absence de leur maître, ceux qui ont eu respectivement trois et cinq talents font du commerce avec ce qu'ils ont reçu et rendent le double au retour de leur maître. Ce dernier les félicite et traite

1. Matthieu 15, 14-30.

absolument de la même manière celui qui a gagné cinq talents et celui qui n'en a gagné que deux. Il y a là un enseignement essentiel : ce qui compte, c'est ce qu'on fait de ce qu'on a reçu.

Le troisième serviteur, quant à lui, a reçu un talent et l'a enfoui. Il n'en a rien fait, il l'a simplement conservé. La parabole le montre déprimé tandis que les deux autres serviteurs sont heureux. Ce n'est ni le niveau de richesse, ni le niveau de dons reçus qui rend heureux, mais le fait de réussir à exploiter ses dons. Être heureux ce n'est pas accomplir de grandes choses, recevoir beaucoup pour avoir plus de chances qu'un autre. C'est simplement apprécier ce qu'on a reçu et en faire quelque chose. À son niveau.

À MÉDITER...
Tu es unique

« Toute personne née en ce monde représente quelque chose de nouveau, quelque chose qui n'a jamais existé auparavant, quelque chose d'original et d'unique. C'est le devoir de chaque personne... de savoir et de reconnaître... qu'il n'y a jamais eu personne comme elle dans le monde, car s'il y avait eu quelqu'un comme elle, il n'y aurait pas eu besoin qu'elle fasse partie du monde. Chaque personne unique est une chose nouvelle en ce monde où elle est appelée à accomplir sa spécificité. La tâche en premier lieu dévolue à chaque personne est l'actualisation de ses potentialités uniques, sans précédent et qui ne se reproduiront jamais, et non pas la répétition de quelque chose que quelqu'un d'autre, fut-il le plus grand, a déjà accompli[1]. »

Martin BUBER

Mettre de la vie dans la vie

De quoi est-ce que j'ai besoin pour être heureux ? Est-ce un rêve qui m'appartient – on prend souvent les rêves dans sa famille et chez ses ancêtres – ou est-ce un rêve que la société m'a vendu ? Est-ce que le satisfaire me rapprochera du bonheur ? Si on passe chacune de nos envies à travers ce filtre, il ne nous en restera plus beaucoup car on n'a pas besoin de grand-chose pour être heureux. Si l'on a besoin de beaucoup de choses pour être heureux, pas de doute que l'on a emprunté la mauvaise route.

Qu'est-ce qu'être vivant ? Ce n'est pas d'être né. Pas d'être né biologiquement, mais d'être né une

1. Martin Buber, *Le Chemin de l'homme, selon la voie hassidique*, Alphée, 2005.

seconde fois. Il y a la naissance à l'être extérieur, biopsychique, et la naissance à l'être intérieur, spirituel. C'est passer d'une vie inconsciente à une vie consciente, donner naissance à un homme libre et ouvert. Cela illumine l'existence. « N'est pas homme qui veut, mais qui fait l'effort de l'être », estime le philosophe Bertrand Vergely. Pour lui, nous sommes nés à nouveau quand nous ne voyons plus les choses d'une façon ordinaire mais d'une façon extraordinaire. Le monde réel ? C'est d'intégrer l'extraordinaire en soi et de voir tout « extraordinairement ». Nous venons de l'extraordinaire pour aller vers l'extraordinaire.

Est-ce que je fréquente des gens, lis des livres, pratique des activités qui me rendent plus vivant ? Être heureux, c'est mettre de la profondeur et de la densité dans tout, même dans le banal et l'infime, c'est vibrer des pieds à la tête, c'est vivre activement ce que l'on est.

Épicure parlait des « plaisirs simples et nécessaires ». Je commence toutes mes journées en m'occupant de mes plantes vertes et orchidées, une par une. Je touche la terre, j'enlève les feuilles mortes, je m'extasie devant un bourgeon, je souris à une couleur, j'encourage celle qui peine, je me gorge de leurs beautés, d'une vie à contempler. J'y ai pris goût. Un panneau lumineux design dans mon salon annonce d'ailleurs l'état d'esprit de la maison : « Mettre de la vie dans sa vie. »

« On obtient le bonheur dans la mesure où on ne l'attend que de soi », disait Marcel Jouhandeau. Enfant, je me rêvais pianiste. Mes parents, avec cinq enfants pleins de vie, avaient leur content de bruit à la maison et pas assez d'espace pour un piano. J'ai insisté en vain avant de changer de rêve : je me marierai plus tard avec un homme qui jouerait du piano. La vie en a décidé autrement.

Aujourd'hui, pour lutter contre les quelques ratés de ma mémoire, mon médecin m'a conseillé de me mettre à l'apprentissage d'une activité complétement nouvelle. Un cri du cœur a jailli : « Le piano ! » Je me rapproche d'un désir « vieux » de 40 ans, que cela est doux, que cela est puissant.

Durer en solitude

Mon besoin de solitude, et du silence qui l'accompagne, n'est pas de surface, il est vital. Non pour y rester comme dans une prison où l'on souffre ou dans un refuge où l'on se protège de l'extérieur, mais pour apprendre à y respirer, à développer ma capacité à être seule. Apprendre à *durer* dans la solitude. C'est là que je crée, que je lis, que j'écris, que je prie, que je réfléchis, que je fais des choix, que je me secoue. Je ne suis plus capable de me passer d'elle. Je n'y suis pas toujours bien, loin de là. Mais je sais que c'est ma matrice. Le point depuis lequel j'existe et depuis lequel je peux ensuite aller *vers*.

La solitude est une amie. J'ai besoin de sa présence, de nos brouilles, de nos tête-à-tête… Jacqueline Kelen, qui parle si bien de l'esprit de solitude, écrit :

> « Pour la plupart des contemporains, la solitude est ressentie de façon négative : on la confond avec l'isolement, le manque, l'abandon. Et la société veille à empêcher que l'être humain ne se retrouve seul, face à lui-même. Or la solitude est loin d'être un enfermement, une pauvreté. C'est un état d'heureuse plénitude, un espace possible de rayonnement. Non seulement parce qu'elle offre la clef de la vie intérieure et créative, mais parce qu'elle est disponibilité et apprentissage de l'amour. Et il n'est pas de liberté de l'individu sans ce recueillement de la pensée, sans cet ermitage du cœur. Pourquoi tant de philosophes, d'artistes, de saints et de mystiques furent-ils de grands solitaires ? Quelle force, quelle inspiration puisèrent-ils dans cette vie d'austère apparence ? Et pourquoi notre monde lutte-t-il avec tant d'ardeur contre un état propice à la connaissance de soi[1] ? »

Nous ne ressentons plus rien ? Nous tournons à vide, le cœur sec, les journées se suivent, tièdes ? Au

1. Jacqueline Kelen, *L'Esprit de solitude*, Albin Michel, 2005.

centre de l'Être se trouve un point lumineux, une sève de vie destinée à tout irriguer. Comment descendre en ce point de lumière ? Jean-Luc Leguay, un ami enlumineur, conseille de se poser en un instant zéro, en un « moment crucial » : se lever au point du jour, assister à la montée du soleil, à l'orient, et remercier pour le spectacle.

> « Il s'agit de retrouver l'émerveillement du « il était une fois » des contes de notre enfance, de chercher tout ce qui nous transporte en un temps zéro. »

Repenser à la naissance d'un enfant. À la première fois que l'on a aimé physiquement et où l'on est sorti de l'enfance… En se replongeant dans notre mythologie, tout devient possible : nous réveillons à nouveau notre origine, nous remontons à la vie de la Vie. D'autres atteignent le même état en contemplant les constellations du ciel, en priant la Vierge ou au cours d'une longue marche solitaire…

Chapitre 5

« Ceci est un bon moment »

Le bonheur, nous y sommes pour quelque chose. Il ne s'agit pas de se poser en chantre de la méthode Coué – « tout va pour le mieux dans le meilleur des mondes » – mais de faire feu de tout bois. Tout peut servir, comme un oiseau fait son nid à partir de tout ce qu'il trouve, brindilles, plumes, herbes, mousses, feuilles, paille, bouts de laine qui traînent, boue pour consolider… ! Le bonheur est une attention aux délicatesses de la vie.

Il faut de tout pour faire un bonheur, et en même temps il faut savoir VOIR. Le détail, le petit geste, la profondeur du quotidien… Voir ce qu'on reçoit même si cela semble insignifiant, minime.

> « Ce sont le soin et la patience que nous mettons dans l'accomplissement de petites choses qui nous conduisent vers de grandes œuvres. »
>
> — Amma

Vol de papillons

« Ceci est un bon moment. » J'emprunte cette phrase à Thierry Verhelst, décédé de la maladie de Charcot. Cette maladie dégénérative entraîne la paralysie progressive des membres puis de l'ensemble du corps (y compris des muscles respiratoires). Elle laisse le cerveau – et donc la conscience – intacte. Thierry vit à Bruxelles, moi à Paris. Je le rejoins quand je le peux avec un cahier et un stylo. Le témoignage de l'étonnant parcours de libération intérieure qui est le sien est trop précieux[1]. Devant les tulipes de son jardin au printemps, ou à la neige en hiver, nous parlons ensemble de sa fragilité, de ce corps dont il perd progressivement tout contrôle, et de l'esprit qui prend simultanément la (première) place qui est la sienne. Chaque jour, une chose qu'il faisait la veille disparaît. Il décide de ne plus lutter contre la maladie mais de danser avec elle. Il regarde la douleur pour ce qu'elle est, pas pour ce qu'il pense. Sa chanson philosophiquement préférée est *Let it be* des Beatles. Il accueille l'événement comme son maître intérieur. Comme Sri Aurobindo, il pense que la vibration élémentaire du réel est la joie. En fauteuil roulant assez rapidement (il le rebaptise sa Maserati), il lance un

1. Thierry Verhelst, Anne Ducrocq, *Quand je suis faible, je suis fort*, Bayard, 2016.

cri de ralliement : « Ceci est un bon moment. » Il apprend, et nous apprend, à VOIR l'extérieur depuis l'intérieur, nous apprend à ne plus rater un seul « bon moment », ces immenses « petits bonheurs ». Il me cite le poète Guillevic : « Écoute le merle qui chante en toi. »

Bon moment ? Quand il boit son whisky du soir (bon pour le cœur, selon le médecin) à la paille car il ne peut plus soulever son verre ; quand, avec sa femme, ils sortent les beaux verres et allument les bougies pour le dîner ; quand il skype aux quatre coins du monde avec ses amis, lui qui a été un grand voyageur ; quand on tourne pour lui les pages d'un beau livre consacré à un pays ou un peintre aimé ; grands moments, un apéritif au soleil sur la terrasse, une tulipe qui s'ouvre, une couverture sur les genoux ; regarder ensemble le film *Intouchables* ou *Forest Gump* ; sa fille qui passe en coup de vent, juste pour un baiser ; recevoir le massage d'une amie ; une prière devant les icônes du salon alors qu'il commence à perdre l'usage de ses cordes vocales et participe pourtant avec une intensité palpable. Toujours il ponctue par « Ceci est un bon moment », refrain immense pour accompagner une maladie terrible et nous donner une leçon, à nous qui oublions si souvent de sourire et de vivre avec reconnaissance.

Il me confie : « La porte du bonheur s'ouvre vers l'intérieur : dans la difficulté, je peux parfois faire l'expérience d'une mystérieuse liberté intérieure, comme un air de l'*Oratorio de Noël* de Jean-Sébastien Bach qui monte en moi. Je refuse de sombrer dans la lamentation stérile. Nous sommes simultanément poussière et lumière, chair et esprit, terrestre et céleste. C'est notre magnifique dignité humaine. Cette dignité nous permet d'être plus forts que les événements dits malheureux. » Il m'a légué « Ceci est un bon moment », une boîte à papillons dont je peux ouvrir le couvercle en toute occasion.

EN MUSIQUE…

« Il nous faut regarder ce qu'il y a de beau
Le ciel gris ou bleuté, les filles au bord de l'eau
L'ami qu'on sait fidèle, le soleil de demain
Le vol de l'hirondelle, le bateau qui revient. »

Jacques BREL

On dit que l'on reconnaît le bonheur au bruit qu'il fait en partant ou au silence qu'il laisse… Avoir été heureux, c'est comme avoir eu la chance d'avoir aimé et d'avoir été aimé. Aimer est rare, on devrait toujours en rendre grâce. Le bonheur qui a eu lieu est toujours là. Avoir la chance d'avoir rencontré tel être, d'avoir tant partagé ! Il restait des choses à faire, des moments à vivre, il y a eu des accrocs, certes, mais dès que la douleur de la séparation permet de faire un pas de côté, pourquoi pas regarder l'inoubliable grâce de toutes ces heures partagées ? On peut rejoindre en soi un espace de paix même quand il n'y a apparemment pas aux alentours l'ombre d'un bonheur visible, comme Thierry Verhelst.

Il m'arrive de décrocher et de ne pas écouter les pensées qui me disent que je ne suis pas heureuse à cause de telle situation, de telle personne. Le bonheur, c'est un état d'esprit, comme l'amour. Peut-on faire une liste de ce qui rend heureux ? Peut-on faire une liste des qualités de quelqu'un qu'on aime ? Le bonheur, ça s'attrape au vol comme un papillon, disais-je. Il ne faut pas s'attendre à ce qu'il prenne telle ou telle forme, il en aura une autre, l'expérience nous l'a tant de fois prouvé. « Être surpris par le bonheur », quelle belle expression, non ?

Conte de sagesse
Un esprit en pleine conscience

« Un homme qui traversait un champ se trouva nez à nez avec un tigre. Il s'enfuit, le tigre à ses trousses. Arrivé au bord d'une falaise, il s'accrocha à une liane et se balança. Le tigre le flaira d'en haut.

Terrorisé, l'homme baissa les yeux : tout en bas, un autre tigre attendait, s'apprêtant à n'en faire qu'une bouchée. Deux souris, l'une blanche, l'autre noire, se mirent à ronger la liane, petit à petit.

Juste à côté de lui, l'homme aperçut une framboise qui promettait d'être savoureuse. Se tenant d'une main à la liane, il cueillit la framboise de l'autre. Elle était succulente ! »

Le bonheur, c'est fragile

« Ceci est un bon moment » est une prise de conscience belle et fragile comme du cristal. Ceci est un bon moment est une ode à l'instant passager ; la seconde qui suit, il n'y a plus rien. Avant la décolonisation, ceux qui allaient devenir mes parents ont été heureux en Algérie française. Une jeunesse à la lumière de la Méditerranée. Une jeunesse confisquée par la guerre et un rapatriement en France. Quitter sa terre. On est toujours trop inconscient de son bonheur. On est mal préparé à tomber, à perdre. Il y a des années de crête dans la vie.

J'ai vécu un âge d'or dans le quartier de Ménilmontant à Paris. Du bonheur à l'état brut. Amour, amitié, créativité, liberté, travail indépendant… J'*avais* tout. Je vivais avec une personne rare, nous avions des amis, j'avais monté un atelier d'écriture de dix personnes avec lesquelles nous écrivions, nous partions ensemble, en week-end, en vacances, nous buvions, chantions, riions, parlions culture, politique, psy, spiritualités, amours. Nos sentiments étaient d'une belle étoffe. J'ai bu le bonheur, comme on se désaltère d'une belle eau claire qu'on a attendue. Parfois goutte à goutte, par petites lapées, d'autres fois cul sec ou au goulot. Quel régal le bonheur ! Que tout cela était bon ! Et j'ai été bénie, car ces bons moments ont aussi *duré*.

Des phrases dites « par derrière », des interprétations, des personnes qui se montent les unes contre les autres, la maladie et la mort de trois d'entre nous, des tas d'erreurs de ma part aussi, et j'ai tout perdu ou presque. Nous n'avons pas les mots pour dire la brûlure des séparations amicales. Le risque d'aimer, le risque de se tromper. Je ne regrette rien, l'amour donné ne peut être enlevé. J'ai nettoyé devant ma porte, j'ai aussi fait la paix avec ma culpabilité. Je me souviens d'heures heureuses, et je n'ai plus la moindre amertume. Plutôt conscience de la chance qui a été la mienne de vivre ces heures ailées. Après m'être autorisée à souffrir, crier, pleurer, j'ai finalement laissé couler la rivière et j'ai béni mes amis pour tout ce que nous avions partagé.

> « Le chemin initiatique est une ballade à trois temps : épreuve, affrontement, dépassement. Tout est à vivre. »

Choisir le simple

Pourquoi faire simple quand nous pouvons faire compliqué ? J'ai l'impression que je m'applique souvent plus à compliquer les choses qu'à tirer le fil pour démêler la pelote. La simplicité est un trésor ! Nous ne pouvons pas donner de la valeur seulement aux événements et aux choses importantes ! Plus nous avançons en âge, plus nous en prenons conscience naturellement. « Simplifiez ! Simplifiez ! Simplifiez ! » invite le naturaliste H. D. Thoreau. Saint François, le saint préféré des Français, se nourrissait de pain et d'olives. Il n'y a pas plus sobre. À chacun de chercher et de trouver où il peut simplifier son quotidien. Choisir et aimer ce qui est simple, là sont les racines des gens heureux.

Combien de choses nous impressionnent, combien de montagnes nous semblent impossibles à gravir ! Un éditeur, un jour que j'étais figée devant la somme de travail qui m'attendait encore sur un livre que j'écrivais, me donna l'un des conseils les plus précieux de ma vie : « Ne regarde pas tout ce qu'il te reste à faire. Découpe ton livre en chapitres et ne regarde que le chapitre sur lequel tu travailles. » Réduire le champ de l'horizon et me concentrer sur ce que je suis en train de faire tout de suite, en me donnant un objectif accessible. Cela s'est avéré pertinent aussi bien professionnellement que sur le plan privé. On peut *tout* subdiviser. Tu es impressionné par la tâche à accomplir ? Divise les « grandes » choses en « petites ».

Chapitre 6

Le bonheur, c'est d'aimer

> *« Le but c'est d'être heureux. On n'y arrive que lentement. Il y faut une application quotidienne. Quand on l'est, il reste beaucoup à faire : consoler les autres. »*
>
> Jules Renard

Nous sommes des êtres de rencontre. Nous avons besoin du bonheur de l'autre pour être heureux. Célébrer par un mot ou un petit geste, marquer le coup tel jour heureux, tel autre plus triste. Féliciter d'une prise de parole en public, ou d'avoir osé se confronter à une conversation difficile, pour l'anniversaire d'un décès, faire un compliment pour des kilos perdus, un sourire retrouvé, téléphoner à une amie lointaine pour la fin de sa chimio. Une façon de dire à l'autre « je t'ai vu », ce que tu vis compte pour moi. Le plus grand bonheur est d'aimer. On a toute une vie pour apprendre cet art difficile…

Nous ne nous sentons pas assez aimés ? Aimons davantage ! Au bout de cette phrase sous forme de boutade attend la plus grande joie, et personne ne pourra nous l'enlever. « Si vous donnez une rose, son parfum s'attarde sur vos mains », rappelle un dicton chinois.

L'échelle de l'amour

Nous aurons toujours des raisons pour ne pas être heureux (des échecs, des contrariétés, des deuils...). Face à cela nous pouvons demeurer dans une attitude négative, de repli sur soi, d'égoïsme. Mais autant le savoir : l'égocentrisme empêche le bonheur car il nous empêche de regarder autre chose que notre nombril, devenant étranger aux souffrances des autres.

Avec un peu d'ambition et d'ouverture de cœur, nous pourrions mener nos relations tellement (plus) loin. Nous pourrions aimer sans être aimé si nous entendions que notre besoin viscéral est d'aimer et non l'inverse. Nous pourrions grandir en amour si nous comprenions que les moments de nos pires détresses ne sont pas ceux où nous manquons d'amour, mais ceux où notre cœur est sec. Gravir l'échelle de l'amour est une ascension magnifique, malgré des à-pics parfois vertigineux. Il n'y a pas plus noble aspiration, programme plus ambitieux. Aimer engage et oblige. Apprendre à aimer l'autre tel qu'il est, dans toutes ses imperfections et à me donner pour lui dans de petits actes chaque jour. Donner de sa personne, de son temps, de son écoute, de sa patience, de sa confiance, de sa persévérance... Se donner à l'autre, celui que j'aime mais aussi à celui que j'aime moins. Ne pas le juger, voire le bénir (dire du bien de lui, lui vouloir du bien, penser du bien) est une ascèse au quotidien. Je m'y exerce, j'échoue, je me relève, je retombe, je réessaie. J'espère qu'il ne m'est pas tant demandé de réussir que d'essayer !

Au-delà du don de soi, il y a un comble à l'amour, c'est le par-don. Pardonner, c'est arriver à *sentir* à l'intérieur de soi cette réalité profonde et spirituelle : « Je ne confonds pas le mal que tu m'as fait avec toi » ; « Je ne te résume pas au mal que tu m'as fait. »

Ce n'est un secret pour personne : tous les êtres humains veulent connaître le bonheur et éviter la souffrance. Comme nous, tous veulent avoir des amis, être acceptés, aimés, respectés et veulent sentir qu'on accorde un prix à leurs qualités, à leurs gestes... Tout comme nous, personne ne veut se sentir seul ou traité avec condescendance, ni être malade, inadapté ou déprimé.

Nous devrions nous rappeler cette égalité fondamentale chaque fois que nous rencontrons quelqu'un : « Tout comme moi, elle veut être heureuse ; elle ne veut pas souffrir. » Nous pouvons adopter cette pratique pendant une journée entière, pendant une heure ou seulement quinze minutes. Grâce à elle, la barrière de l'indifférence cède. Il faudrait s'efforcer de méditer sur ce qui est commun entre nous et autrui. Nous ne sommes pas le centre du monde. Reconnaître que l'on partage sa condition humaine avec l'autre crée avec lui un lien intime surprenant : l'autre fait partie de la famille, il n'est plus étranger.

> « Pour être heureux, il faut penser au bonheur d'un autre[1]. »
>
> — Gaston Bachelard

Donner ET recevoir

Si le bonheur tient pour une part à apprendre à donner gratuitement sans attendre de retour (c'est une ambition), il tient aussi, et tout autant, à apprendre à recevoir. Recevoir ce qui est matériel mais aussi, et surtout, ce qui est immatériel : un compliment, un geste d'amour, un cadeau, un coup de main… Quelqu'un qui ne sait que donner déséquilibre la relation. Le don met en position de contrôle. Nous contrôlons, souvent

1. Gaston Bachelard, *La Psychanalyse du feu*, Folio « Essais » / Gallimard, 1985.

inconsciemment, ce que nous donnons : la quantité de temps qu'on accorde, la façon dont on aide, le cadeau que l'on fait, les questions que l'on pose pour manifester notre intérêt, les conseils que l'on offre… Cela ne serait pas gênant en soi si nous savions recevoir en retour quand l'occasion se présente. Or nous n'osons pas recevoir. Certains d'entre nous ont une incapacité à demander, avec ce que cela implique de déséquilibre entre le toi et le moi. Et nous nous étonnons après d'avoir des problèmes relationnels ? En adoptant la posture de celui qui donne, qui est généreux, mais sans avoir l'humilité de recevoir ou d'être en demande, on ne permet pas à l'autre de donner à son tour. On distribue les rôles en prenant le « meilleur ». À moyen terme, la relation ne peut que casser.

Nous manquons de simplicité dès qu'il s'agit de recevoir ? Il faut s'y exercer. On peut commencer par accepter de recevoir de petites choses. Réfléchissons par exemple à nos refus récents : une amie qui nous propose un coup de main, un compliment professionnel ou amical… Il faut s'aimer soi-même pour aimer l'autre. Celui qui n'est pas heureux ne peut pas grand-chose pour les autres. Remplissez votre tonneau, quand il sera plein il débordera et tout le monde pourra en profiter !

Donner, recevoir. Pourquoi cela ne va-t-il pas de soi ? Pourtant, comme des vagues, comme notre respiration, ce mouvement devrait être naturel. Je m'avance vers toi et je te donne, nous partageons, je reçois, je me recule et je reviens. Encore faut-il être capable de donner.

Un radin peut en cacher un autre

Un avare a parfois quelque chose de « constipé », de retenu. Il n'est pas seulement avare avec son argent mais aussi avec ses émotions, son affection, ses énergies vitales, avec son temps et avec le temps qui lui manque toujours. Il n'a jamais assez pour pouvoir partager « gratuitement » avec l'autre. La radinerie cache souvent autre chose. Allons regarder cela attentivement, honnêtement : l'avarice est le contraire de l'amour, qui est don.

C'est l'un ou l'autre : être amour ou être avare, il faut choisir. Partager et donner, ou s'approprier et accumuler. Attention, cette réflexion (à mener sur soi-même car on ne peut se permettre de le faire pour autrui) peut faire très mal !

À MÉDITER...

Soyons de ceux qui n'accusent pas

« L'humanité se divise en deux catégories : les gens qui reconnaissent leurs torts et ceux qui ne voient l'erreur que chez les autres. Les premiers ne craignent pas de mettre beaucoup de courage au service de leur lucidité et se perfectionnent chaque jour ; les seconds deviennent de plus en plus amers... N'accusons personne que nous-même. C'est en travaillant à notre propre perfectionnement, en nous efforçant d'être chaque jour plus conscients de nos possibilités comme de nos devoirs, que nous méritons de mieux vivre[1]... »

Marcelle AUCLAIR

Aimer, c'est agir

Agir, construire, conduire, intercéder, lutter, se dépenser, s'occuper, donner… Combien de synonymes du verbe agir pourraient être ceux du verbe aimer ? Le bonheur ce serait d'aimer et d'agir. « On est heureux quand on aime ce qu'on a, ce qu'on fait, ce qui est. Cela se voit tout de suite : on ressent de la joie. Autrement dit, quand je marche je suis heureux de marcher, je n'attends pas d'être arrivé pour l'être. Quand je serre celui que j'aime dans les bras je n'attends pas l'orgasme, quand je cuisine pour des amis, je suis heureux de le faire, je n'attends pas le dîner pour l'être. Le bonheur n'existe qu'au présent, c'est

1. Marcelle Auclair, *La Pratique du bonheur*, Points « Vivre » / Seuil, 2015.

un bonheur en acte », écrit André Comte-Sponville. Il faut agir, quand on sent qu'on peut le faire, qu'on doit le faire. Quand la vie nous ouvre une porte, qu'une rencontre éclaircit l'horizon, qu'une petite voix intérieure nous donne une idée, du courage, un élan. Aimer c'est agir pour l'autre comme pour soi. Puisque au fond, nous l'avons compris, tout et tous sont liés au niveau subtil. Nous faisons partie d'un Tout. La question est : quelle contribution souhaitons-nous y apporter *aujourd'hui* ?

Dans deux heures, j'ouvre la porte à mon professeur de piano. C'est la première fois qu'elle vient à la maison. Une demi-heure par semaine je vais donc m'initier sur le piano prêté par mon neveu. La petite fille que j'étais trépigne de joie à l'idée de commencer tout à l'heure. Je ne serai jamais virtuose, mais je me rapproche d'un rêve que je n'avais pas abandonné. Cela seul me suffit, me réjouit, me dilate le cœur ! Le bonheur, c'est d'agir ! Agir ne change pas seulement le monde, cela nous change aussi. Jouer du piano n'apportera du bonheur qu'à moi ? Non, à la vie en moi. Comme la vague dans l'Océan, intimement liée aux autres vagues, la joie est une énergie qui éclabousse tout de sa poésie transformante. « L'action est toujours salvatrice d'un point de vue psychologique. On regrette moins les actions que les non-actions. Sur le long terme, il y a presque toujours moins de regrets à avoir agi et échoué qu'à n'avoir pas tenté. Les raisons en sont multiples mais il y a surtout ceci : agir peut procurer du bonheur, au moins dans l'instant, s'empêcher d'agir n'offre que tranquillité », confie Christophe André.

Aimer l'autre, aimer la vie et la vie en soi cela doit se voir. Et cela tombe bien, on contrôle mieux nos actes que nos pensées, nos paroles. À chaque fois que l'on peut faire une action, si elle est possible et conforme à nos valeurs, posons-la. Tout est là : avoir une vie qui nous ressemble, en adéquation avec nos valeurs. Elles sont ce qu'il y a de plus important pour soi : la justice, la vérité, la liberté, la famille, la solidarité, le respect de la différence, l'amour… On ne devrait pas les nier. Vivre en accord avec ses valeurs, c'est les placer au cœur de sa vie, de ses décisions et de ses actes. Il s'agit de les vivre concrètement en les faisant rayonner au maximum.

Les joies du partage

En 2010, une enquête menée dans 136 pays, avec une moyenne de plus de 1 300 personnes par pays, a identifié une corrélation positive entre le don et le bien-être dans 122 pays. Le travail d'une équipe internationale de neurobiologistes des universités de Lübeck (Allemagne), Chicago et Zurich a confirmé par imagerie cérébrale que la relation entre générosité et sensation de bonheur s'observe dans le cerveau. Être généreux rendrait plus heureux. Généreux de son argent, de ses conseils, de son temps… Comme le disait la jeune Anne Franck, « personne n'est jamais devenu pauvre en donnant »…

Le bonheur ne vit, ne respire, ne grandit que s'il est partagé, transmis. C'est une énergie qui doit circuler, on ne le garde pas pour soi. Rien ne nous est dû, tout nous est donné. Et tout nous est donné, pour que tout soit partagé… Pas heureux sans toi. Être heureux ensemble. Pour connaître la joie, il faut partager. Le bonheur, j'en ai quand j'en donne, quand je sais en recevoir aussi, et ce n'est pas toujours le plus aisé car notre éducation nous apprend plus à donner qu'à recevoir. Nous plaçons souvent ceux que nous « aidons » dans la dépendance. Pour rétablir l'équilibre, on peut tenter un troc, où chacun apporte quelque chose à l'autre. Je te fais réviser ton français, tu fais les réglages de mon nouveau téléphone portable, je te donne mes vêtements devenus trop serrés, tu me fais un gâteau. L'air est à nouveau sain, le don circule. La joie se partage, le plaisir est solitaire.

Faire plaisir, trouver le geste ou le mot juste et recueillir ton émotion ou ton sourire, donne des couleurs à la vie. « On s'entraîne à aimer en passant peu à peu du désir de prendre à l'envie de donner. Donner et prendre. Ne prenez pas sans donner. Donnez d'abord, recevez ensuite », écrit André Comte-Sponville. Mais je crois qu'il y a mieux. Ce mieux, c'est lorsque j'arrive à avoir du bonheur quand tu es heureux, même sans moi, même quand je n'ai rien fait pour, quand ça n'a rien à voir avec moi, avec nous. Le simple fait que tu ries, que tu souries, que tu chantonnes, que tu fasses un pas de danse peut me rendre infiniment heureux… Je ne suis pour rien dans ton bonheur, mais te voir heureux me suffit. C'est le bonheur sans égoïsme, sans attente.

À MÉDITER…
Il est impossible de se penser seul

« En dehors de cette relation d'unité aux autres, impossible d'être sauvé. La première chose à faire pour notre renouvellement spirituel, et peut-être pour celui du monde entier est de nous concevoir comme un corps unique, où notre destin est absolument lié à celui du frère. Il n'est alors plus possible de se penser seul sans penser au bien de son frère. Chaque homme n'est pas responsable uniquement de lui. Il est aussi responsable de ceux qui sont à côté de lui[1]. »

Luigi Maria EPICOCO,
prêtre très populaire en Italie

---

1. Luigi Maria Epicoco, *La foi n'est pas un bonbon au miel. Pour une foi qui brûle*, Mame, 2019.

Notre vie relationnelle est source de (presque) toutes les tensions et de (presque) tous les bonheurs. Dès lors, tisser et soigner nos liens, mettre du liant dans les relations est sans doute un b.a.-ba car, comme les os, les relations peuvent se briser, et les fractures sont longues à guérir. Prendre soin de nos relations est une clé. Il n'y a pas d'ego heureux.

Force est de constater que nous ne sommes pas équitablement doués pour la relation, quelle qu'elle soit. Heureusement, c'est sans doute l'un des points où il est le plus facile de travailler car les méthodes et les conseils ne manquent pas. Nous ne serons heureux qu'ensemble, que ce soit en amitié, en amour, en famille, au travail, etc. L'autre n'a pas à s'adapter à moi, pas plus que je ne dois m'adapter à lui, nous devons créer un espace, que j'aime appeler celui du Troisième, dans lequel on peut s'entraîner à danser avant de pouvoir effectuer notre ballet. Une relation est toujours en construction, toujours perfectible, c'est ce qui la rend vivante, sans cesse (re)bondissante… Savons-nous décrocher notre téléphone pour rappeler un vieil ami, amener tel autre à l'aéroport car il est chargé, remplir la déclaration d'impôts de sa mère qui perd pied dans les papiers administratifs ?

Savoir que l'on peut se reposer sur quelqu'un qui nous respecte et nous prend au sérieux procure un bonheur profond, n'en déplaise aux farouches indépendants. Avoir la certitude qu'il existe à nos côtés une ou des personnes que nous intéressons, qui sont concernées par notre sort, qui seront capables de prendre soin de nous et nous soutenir, nous comprendre est une façon de donner du sens à l'existence. Savons-nous être cette personne pour l'autre ?

Qui n'apprécie pas qu'on le félicite, qu'on souligne ce qu'il fait de bien ? Quoi de plus motivant qu'un petit mot d'encouragement ou de reconnaissance ? Mais quand avons-nous complimenté notre amoureux récemment ? Notre meilleure amie ? Notre sœur ? Notre fille cadette ? Notre associé ? Notre femme de ménage ? Comment pouvons-nous désirer recevoir des paroles élogieuses alors que nous en sommes si avares ? Nous avons oublié le vieux précepte qui conseille d'agir avec les autres comme nous aimerions qu'ils agissent avec nous.

Pour voir les qualités des autres, il faut s'intéresser à eux et à ce qu'ils font. C'est une lapalissade, mais nous oublions que chaque personne possède quelque chose de précieux. Faisons l'effort d'aller au-delà des apparences. Très souvent les qualités ne se repèrent pas au premier coup d'œil. Il faut parfois un peu de persévérance avant de pouvoir faire un vrai compliment. Cela vaut la peine de se poser en observateur positif. En prenant l'habitude de complimenter les gens, nous apprenons à les voir sous un autre angle. Nous aiguisons notre perception de leurs qualités. Faisons des compliments sincères et mérités. Et soyons honnête : n'admirons que ce qui a lieu d'être.

Si nous soulignons par un compliment un aspect d'une personne, nous avons toutes les chances de voir cette qualité s'exprimer encore plus vivement. Nous aidons ainsi l'autre à prendre conscience de ses qualités. Cela peut provoquer des miracles, la joie en est le premier. N'hésitons donc pas à dire à nos proches tout le bien que nous pensons de ce qu'ils sont, de ce qu'ils font. Aujourd'hui, qui allez-vous choisir ?

En musique...

« Je le dirai au roi
Que c'est grâce à toi
S'il fait clair chez moi
Tu lui diras aussi
Que s'il fait chaud chez moi
C'est grâce à toi d'abord
Et je te dirai aussi
Que je suis fier de toi
Dis-le-moi encore
Fier
Fier
Un mot que je croyais mort. »

Félix Leclerc, *Manic 5*

Le service aux autres : un chemin royal vers le bonheur

Travailler contre rémunération, tout le monde connaît. Mais quand on offre bénévolement son travail, inspiré par un idéal spirituel ou simplement porté par un élan du cœur, cela change toute l'énergie qui se répand. Le *seva*, le service désintéressé, est pratiqué par les hindouistes et par les bouddhistes. Il s'agit de donner une à deux heures par jour de son temps pour le collectif. On ne choisit pas le service qu'on rend, on fait ce qui est utile à un instant *t*. Dans la vie courante, cette régularité est plus difficile, mais on peut décider de donner une à deux heures par semaine – aller à la pharmacie, à la bibliothèque, faire des courses pour un voisin, une amie d'ami, sa sœur –, rapporter le pain, tous les soirs après le travail, à notre voisine âgée du dessus, s'investir une heure pour faire de l'accueil téléphonique dans une association.

Un samedi après-midi où je m'apprêtais à donner une conférence dans l'ashram d'Amma près de Chartres, je me suis cassée le pied. La douleur était terrible. Une femme que je ne connaissais pas m'a proposé de me ramener à l'hôpital le plus proche de chez moi à… cent kilomètres ! Dans la voiture, estomaquée par son geste spontané, comme si cette heure de route ne comptait pas dans sa journée, je la remerciai vivement. Elle m'a répondu : « J'avais intérieurement posé ma journée comme une journée de *seva*. Aujourd'hui je suis à la disposition de la vie. Je pensais aider aux conférences et au goûter, c'est finalement autre chose. Pour moi, c'est pareil. Tout est *seva* aujourd'hui. » Elle s'était réveillée ce jour-là pour être au service de tous.

Le service désintéressé aux autres est une bénédiction pour ceux qui le pratiquent, il engendre une force intérieure. Si le travail est offert comme une action désintéressée, une offrande de soi et de son temps, il est une porte royale vers le bonheur. Le *seva* amène la joie profonde qui récompense celui qui fait le choix de servir plutôt que de se servir ou d'être servi.

Donner sans mesure à celui qui demande

Sourire

Sourire est instinctif, mais comme tout instinct, nous pouvons enterrer cette aptitude sous des couches et des couches de préjugés et de mauvaises habitudes. Nous pouvons vivre comme si les sourires étaient rares et hors de prix, alors qu'ils ne coûtent rien tout en étant contagieux. On peut décider chaque jour de se regarder dans le miroir et de se sourire ! Cela fait combien d'années que nous ne nous sommes pas offert de sourire (sincère) ?

Pour certains, sourire, quand ça va mais aussi quand ça va moins bien, est un choix. Sourire n'empêche pas d'être lucide ! Il ne s'agit pas de tendre un sourire automatique pour faire croire que tout va très bien mais de l'offrir à l'autre. C'est déjà une intention positive de connexion et nous n'avons encore rien trouvé de mieux que le sourire pour instaurer la confiance entre les êtres. Si nous faisons un peu semblant de sourire, nous allons finir par sourire vraiment. La nonne bouddhiste Kankyo Tannier le confirme : « Au début, c'est une sorte de *fake news* pour votre cerveau. Mais, après une poignée de secondes, rien à faire, l'humeur change. La douceur s'invite au festin de la vie. La vie devient plus aérienne.[1] »

S'approcher de l'autre avec un sourire

Je suis allée méditer dix jours avec ma meilleure amie. Nous devions garder un silence absolu pendant toute la durée du stage. J'ai trouvé cette ascèse étonnamment facile. Mais nous étions également tenus au silence des yeux : nous étions censés ne pas nous regarder. Là, la montagne était très haute pour moi ! J'essayais de garder autant que possible les yeux baissés, j'étais là pour ça : m'exercer. Mon amie s'est mise à sourire, à droite, à gauche. À n'importe qui. Je me disais : « Elle est folle ! Elle est à des kilomètres du silence des yeux ! » J'étais gênée. Elle enfreignait

1. Kankyo Tannier, *À la recherche du temps présent*, First, 2018.

le règlement et intérieurement j'en faisais toute une histoire. Elle n'a pas cessé de sourire, par moments, jusqu'à la fin de la session de méditation. Quand nous avons retrouvé la parole, le dixième jour, une femme est venue vers elle : « Tu me faisais tellement de bien quand tu me souriais si franchement. Dans mon combat intérieur, tu mettais une vraie lumière… » Mon amie avait visé juste ! Elle s'est libérée du règlement pour rejoindre la force des liens silencieux et invisibles.

Avec des sourires, bien des difficultés peuvent être surmontées, bien des crises dépassées. Il suffirait de sourire à nos proches pour qu'ils se portent mieux, il suffirait qu'ils nous sourient pour que nous nous portions mieux. Dans son livre *Option B*[1], Sheryl Sandberg retrace l'histoire de Wafaa, réfugiée syrienne dont le mari disparaît pendant la guerre après avoir été emprisonné. Peu de temps après, son fils de seize ans est tué alors qu'il jouait au foot devant chez lui. Wafaa raconte : « Être une mère m'a sauvée. J'ai besoin de sourire pour mes autres enfants. […] Quand mes enfants sourient, je ressens de la joie. Je sens que j'ai une raison d'être encore en vie. Je guérirai en les soignant. » Sourire, c'est tout donner au présent.

1. Sheryl Sandberg, Adam Grant, *Option B. Surmonter l'adversité, être résilient, retrouver l'aptitude au bonheur*, Michel Lafon, 2017.

> « Parfois notre lumière s'éteint, puis elle est rallumée par un autre être humain. Chacun de nous doit de sincères remerciements à ceux qui ont ravivé leur flamme. »
>
> — Albert Schweitzer

Nous ne remercions pas assez, jamais assez. Rien ne nous est dû, même de ceux qui nous sont les plus proches. Tout est don. Il ne suffit pas, pour se dédouaner de notre manque de reconnaissance, de dire « les autres ne me remercient jamais ». En matière de relation, il s'agit toujours de faire le premier pas. Nous n'allons pas passer notre vie à attendre les autres pour commencer. Dire merci n'est pas une règle de politesse mais la base même de la vie en société.

La gratitude est un état que l'on peut choisir, maintenir, faire grandir. C'est un état de conscience et d'ouverture à ce qui est, à *tout* ce qui est. Il monte de notre cœur, pas de notre mental ou d'une bonne éducation ! Remercier autant que possible, spontanément, en paroles, en actes, ou en silence dans son cœur. Pour une petite attention reçue, un petit effort qu'on a deviné.

Nous cherchons tous à vivre des émotions positives. C'est ce qui nous fait « courir ». Barbara Fredrickson, chercheuse à l'université de North Chapel, a identifié les dix émotions les plus désirées pour être heureux : la joie, la sérénité, l'intérêt, la curiosité, l'espoir, la fierté, l'amusement, l'inspiration, la transcendance, l'amour et la gratitude.

La gratitude est l'une des émotions associées au bonheur. « Pourquoi la rechercher ? Parce qu'elle est l'une des rares émotions (la seule ?) qui nous parle d'un sens de la vie basé sur la réciprocité : elle nous fait reconnaître la place de l'autre dans notre vie et ainsi nous positionne comme des êtres de relation. Nous n'avons besoin de personne pour être curieux, fier, joyeux. Mais pour être reconnaissant ? La gratitude est une émotion relationnelle », écrit le coach Jean-François Thiriet dans *Journal de gratitude.* Quand on s'exerce à la gratitude, on n'est plus seul : il y a l'autre et il y a soi, reliés, dans le partage. C'est une vision du monde où le mouvement du donner et du recevoir sont centraux… D'autant plus quand on a la conscience de recevoir !

Le fait, quand vient le soir, de se poser la question : « Quels sont les cadeaux que j'ai reçus aujourd'hui ? » témoigne d'une vision singulière de la vie. On est loin de la pratique du journal intime où l'on raconte sa journée, ses pensées, ses émotions ; on entre ici dans une relation de sens avec sa vie. Je prends conscience de ce qui m'a nourri : j'ai vu, entendu, goûté, touché, senti. Tout d'un coup je deviens celui qui a reçu tout cela, pas juste celui qui a vécu tout cela. Entrer dans la pratique de la gratitude est profondément transformant car cela demande de reconnaître que la vie a du bon. N'est-ce pas à proprement parler une attitude révolutionnaire ?

S'exercer à la gratitude, la travailler, c'est d'abord prendre de la distance par rapport à nos tendances négatives : avez-vous remarqué comme nous sommes plus sensibles à ce qui est négatif qu'à ce qui est positif ? Comme les événements négatifs laissent une trace plus saillante en nous ? Apaisons-nous d'abord avec cette réaction, elle est naturelle, normale. Elle a été très utile pour la survie de notre espèce. Mais laisser notre cerveau nous faire croire que notre survie se joue à chaque instant n'est pas sain. Je ne vais pas prendre des cours de self-défense pour me protéger de la vie.

> « Éprouver de la gratitude envers la vie, c'est recevoir ce qui est là, tel que c'est, dans la plénitude de ce que c'est, et non dans l'absence et le manque de ce qui n'est pas. »

Cette pratique est une pratique d'éveil. Avec elle, le goût de vivre s'intensifie. L'extraordinaire se trouve soudain dans la profondeur de l'ordinaire. Le « bof » quotidien retrouve du relief, la vie reprend du sens. Les événements sont revisités avec la loupe de la reconnaissance et cela nous invite à changer de lunettes et à revoir les détails sous un autre angle. Car si les moments difficiles sont inévitables, la gratitude agit comme un protecteur, un pare-feu pour mieux les traverser. Avec elle, nous faisons le plein de ce qui va bien, là où ça va bien, quand ça va bien (avec intensité, fréquence, densité et étendue) et par ricochet, cela permet de mieux faire face à ce qui chiffonne, blesse, agresse.

Dans des temps passés, on remerciait pour un dîner en faisant livrer des fleurs le lendemain ou en téléphonant. Aujourd'hui, les codes ont changé. Combien n'accusent même plus réception d'un mail par un « merci, j'ai bien reçu » ?

Pour s'excuser, remercier, ou même pour rien, un simple petit mot produit autant d'effet qu'un bouquet ! Il n'est pas nécessaire d'attendre un grand événement pour envoyer un petit mot. Nous avons dîné chez un ami, déposons-lui un bref message de remerciement sur son répondeur le lendemain ; un collègue nous a aidé dans la préparation d'un document, remercions par un mail chaleureux. Ne sous-estimons pas l'impact de ces petits gestes positifs.

Chapitre 7

Le bonheur, c'est d'étreindre le temps

> *« Le bonheur ne vient pas remplir une existence ; il vient la restituer à elle-même. Sa particularité n'est pas de durer mais de tout changer. »*
>
> LAURENCE DEVILLAIRS

Qu'y a-t-il de permanent ? La jeunesse ? La santé ? La fortune ? Votre grand amour du moment ? Les pensées ? Les émotions ? La vie elle-même ? Rien de tout cela. Rien de rien. Tout file entre nos doigts comme du sable. Comment être heureux dans cette impermanence ?

Nous aimerions parfois n'avoir à vivre que notre saison préférée, mais au fond toutes les saisons sont belles, nécessaires, avec une poésie et des épreuves qui leur sont propres. Elles vivent en nous, à leur rythme, depuis l'intérieur. Chacune sa couleur.

Les plaisirs ont des saveurs différentes dans le temps. Comme les calamars à l'encre si bons que l'on prend à l'apéro durant les vacances. On en achète pour prolonger le goût de la détente, mais on n'y touche pas une fois rentrés à la maison. Ne durent que les choses que l'on entretient, que les sillons que l'on creuse. Méditer, aimer, jouer d'un instrument, dessiner, écrire sont des bonheurs qui se dilatent dans le temps, on entre dedans, on fait leur connaissance. Plus j'écris, plus j'aime écrire ; plus je t'aime, plus je t'aime. Le bonheur grandit.

Le bonheur, c'est comme l'amour, un petit truc qui ne dure pas, sauf si on l'entretient. Et encore et encore et encore. Non, il ne dure pas, mais il fait mieux : il se renouvelle.

Le bonheur est un processus dynamique, évolutif

Rien ne dure car tout se transforme, croît. La vie explose de vie. La nature qui pense à tout a d'ailleurs prévu quatre saisons : ce qui n'a pas lieu pendant l'une a lieu pendant l'autre, elles se complètent. Le printemps ne se plaint pas de n'être pas l'hiver, et l'été ne regarde pas l'automne de sa superbe. Nous avons toutes les saisons à vivre. Le bonheur, ça prend son temps, ça mûrit et le fruit ne tombe pas de l'arbre avant. C'est toute la différence qui existe entre un hamburger qu'on ingurgite et une salade grecque toute simple qu'on savoure. Entre un vin en carafe pour picoler et un cru que l'on déguste.

La vie n'est que mouvement, élan. Si on fige, on sclérose, le bonheur ne peut plus passer. Rien n'est fait pour rester immobile. La vie ne sait pas s'arrêter, elle ne sait pas retourner en arrière. Elle n'est pas une petite chose fragile qui se protège, c'est tout le contraire. Elle est expansion, big bang. Lumière. La lumière devient matière pour que la matière redevienne lumière. De même, on ne protège pas le bonheur, en le mettant sous cloche. On lui fait prendre le vent, des risques, on le donne à-tout va, quitte à se le faire voler. Mais on ne vole pas le bonheur…

Un pas après l'autre, humblement, nous devrions chaque jour savoir rester dans un esprit de commencement. Pour autant, et cela semble paradoxal, il y a une telle force dans les commencements. Imaginons celle du big bang. Souvenons-nous des débuts d'un amour, de la naissance d'un enfant. Naître ce n'est pas rien, à chaque fois qu'un enfant naît, il y a un surgissement radicalement nouveau, toute l'humanité naît à travers lui. Il y a du fragile mais aussi, et surtout, de l'irrésistible et de l'insaisissable dans les débuts. Le bonheur est toujours en train de commencer. Nous en sommes au commencement de la vie, et je crois que nous n'avons encore rien vu. Tout est encore à venir, à voir, à comprendre, à apprendre, à vivre…

Agitation personnelle et précipitation collective, personne, pas même les enfants, n'échappe à la course-poursuite avec le temps. On court, et bien (trop) souvent on bâcle. Il y a pourtant une sagesse intrinsèque dans la lenteur. Le fait de ralentir est une façon de se rappeler qu'il n'est nul besoin de se précipiter dans la vie. Il vaut mieux planifier moins de choses dans une journée et laisser davantage de temps entre les activités. Comme ces médecins qui prennent quatre rendez-vous à l'heure et disent à peine au revoir au patient qui sort, tendant déjà la main à celui qui entre (même la poignée de main est parfois facultative !). Si on est de bonne foi, on sait que le médecin qui ne regarde plus les gens et les situations dans les yeux, c'est aussi nous ! « La vie mérite mieux que la vitesse », disait Gandhi.

Conte de sagesse
Les semences

Une femme se voyait en rêve parmi les plus fabuleux magasins de la métropole. Toute surprise, elle découvrit Dieu lui-même derrière le comptoir le mieux fourni.

« Que vendez-vous donc ? lui demanda-t-elle.

– Tout ce que ton cœur désire », lui répondit Dieu.

Émerveillée, la femme se décida à requérir les plus précieux joyaux qu'un être humain puisse se prendre à souhaiter :

« Je veux acheter la paix du cœur, l'amour, le bonheur, la sagesse et l'impunité contre toute crainte et toute angoisse. »

Puis, en se reprenant, elle ajouta :

« Pas pour moi seulement, mais pour tous les hommes. »

Dieu sourit alors et lui dit :

« Je crois que tu te trompes, mon amie, nous ne vendons pas les fruits, mais seulement les semences. »

Anthony Mello, *Histoires d'humour et de sagesse*

« L'automne aussi est quelque chose qui commence. »

— Paul Claudel

Tout passe

Plus jeune, je suis allée plusieurs fois pratiquer la méditation Vipassana. Ce sont des stages de dix jours pendant lesquels on ne parle pas du tout et où on médite entre dix et quatorze heures par jour. Cela semble surhumain, et ça l'est. Quel lien avec le bonheur ? L'expérience indélébile que j'en ai retiré. Assis dix heures par jour minimum, le corps n'est globalement pas à la noce. On médite sur les sensations du corps. Elles sont agréables, désagréables ou neutres. Des milliards de secondes, j'apprends à distinguer les trois types de sensations. J'expérimente aussi et surtout que toute sensation arrive, monte à un paroxysme puis repart. Ainsi, une douleur apparaît dans mon omoplate et dure un certain temps. Après un moment passé à la regarder avec toute mon attention, sans m'évader dans la moindre pensée (donc sans rien penser de l'expérience que je traverse), je la vois se dissoudre. De même, de délicieuses sensations apparaissent dans mon crâne, je veux les retenir, c'est une sorte de plaisir qui ne ressemble à rien de ce que je connais, j'observe ces ondes et elles s'en vont comme elles sont venues… Elles disparaissent quand il est nécessaire qu'elles disparaissent, je n'ai aucun contrôle ni sur leur apparition, ni sur leur disparition.

Cela a peut-être l'air de rien, mais quand on se met ensuite à pratiquer cela dans sa vie, c'est toute la vision de la souffrance et du bonheur qui change. Rien n'est permanent, ni l'agréable, ni le désagréable, ni le neutre. Notre conscience elle-même est en mouvement permanent. Cette loi de l'impermanence touche tous les phénomènes sensibles. Ils durent toujours trop longtemps quand ils sont insatisfaits, et jamais assez longtemps quand ils sont plaisants. Ce « tout passe », que les bouddhistes nomment l'impermanence, est le meilleur ami du bonheur : c'est l'attention à la réalité, d'instant en instant.

Le bonheur se vit par étapes, pourquoi attendre d'avoir atteint le but pour se réjouir ? Nous ne sommes jamais sûrs d'atteindre l'objectif. Autant semer des joies sur le trajet et célébrer chaque étape. Je l'ai toujours pratiqué professionnellement. Quand on passe deux ans sur un projet ou six mois à se dépêtrer d'un dossier kafkaïen, il faut se ménager des moments, pour soi ou en équipe. « Nous en sommes déjà arrivés là ! Qui vient saluer ça avec moi devant un verre ou un bon repas ? » Les mois et les étapes passant, à la fin, l'objectif aura déjà été fêté plusieurs fois ! Voilà un humble sentier vers le bonheur !

VIVRE DANS UNE FILE D'ATTENTE

Dans la queue au cinéma, au supermarché, pourquoi ne pas adresser un sourire à la personne devant, derrière ou à côté ? De sourire en sourire, on peut même faire connaissance. Le lien est éphémère, informel mais agréable. Dans bien des situations, sourire suffit à transformer un temps mort en un sympathique moment, à contrer la mauvaise humeur des uns et à rallumer la bonne chez les autres. On ne le dit pas assez mais on apprend à sourire en souriant ! Prêt pour l'entraînement et pour une chasse aux sourires ?

Autre option : profiter des files d'attente pour se concentrer sur sa respiration et s'offrir quelques minutes de méditation qui changent tout. On descend dans son souffle comme un océan de paix, tout lâcher, se donner, s'abandonner et ré-inspirer, renouvelé. On peut faire le tout avec un léger sourire aux lèvres, comme le Bouddha, surnommé le Bienheureux. C'est une véritable route de transformation intérieure.

Les bonheurs du jardin

Le jardin chante le temps long et la Réalité. Au début, les plantes sont petites, les boutures fragiles et les lieux encore pleins de vide. La nature prend son temps et progressivement tout grandit. Dans cet espace clos, l'homme peut comprendre les lois de l'univers. Comme le dit Michel Tournier, au jardin l'homme creuse la terre et interroge le ciel.

Saison après saison, le jardin prend le vent et le soleil, la pluie et le gel, comme les états d'âme de l'homme. Pour cela, aussi, il est ce refuge étonnant et si fécond. Un jardin se développe d'abord naturellement, d'eau et de lumière. L'homme y ajoute ensuite son amour pour la beauté, il plante son temps, ses efforts, sa sueur, son cœur… Combien ont pensé, et peut-être dit, que la nature était leur église, que le jardinage pouvait être une liturgie ? Il y a une telle cohérence, une telle unité entre la création et le sacré, le créateur. Tout l'univers se tient en harmonie. Rien que du bonheur ! « Rien n'est profane à qui sait voir », écrit Teilhard de Chardin. Le jardin travaille le corps et l'esprit. Le bonheur s'y tient discret, au milieu de belles plantes et de mauvaises herbes.

Nul besoin de pratiquer une religion, ni même d'être croyant, pour éprouver ce sentiment de plénitude et d'humilité devant l'œuvre quotidienne de la nature, pour communier avec une force qui nous dépasse et pour comprendre que notre univers ne se limite pas à ce que l'on voit. Dans un jardin, tout peut arriver, tout peut s'animer. Il suffit de s'asseoir à l'ombre d'un cyprès, ou sur la margelle d'un puits ou d'une fontaine. C'est pourquoi la nature spirituelle du jardin a traversé quelques millénaires de littérature avec la constance d'un symbole universel. Celui du Paradis, bien sûr.

Nous n'aimons pas la routine, nous l'attribuons à une vie sans rebondissement, et nous avons tort car l'homme a un besoin vital de rituels. Un peu de routine est indispensable à notre bien-être. Faire les choses par habitude évite de réfléchir, et cela demande moins d'énergie et d'attention. Un automatisme ne génère pas de questions, et il peut rapporter gros : marcher une heure tous les dimanches, méditer chaque matin, écrire un peu tous les jours… et on maigrit, on devient plus ouvert, on écrit un roman. C'est le pouvoir des petites actions. Parfois, quand la vie se teinte des couleurs sombres que l'on redoute, on ne peut même poser que cela, des petites actions.

> « Pourquoi ne pas s'accorder une sieste d'une demi-heure au jardin, en boule sur le canapé du salon ou dans son lit.… en rêvant à un jardin ! À la fois tout presse, et rien ne presse. »

Les liens étonnants du bonheur et de la souffrance

Les épreuves sont le lot commun. Comment être heureux quand on souffre ? Bonheur et souffrance sont-ils des frères ennemis ou sont-ils compatibles ? Qu'est-ce que la vie m'a appris de la souffrance et du lien ambigu, car invisible, qu'elle entretient avec la vie ? Sans doute que la souffrance est impossible à partager, qu'elle ne peut donc être entendue. C'est une traversée solitaire.

Nous ne pouvons penser le bonheur sans penser la souffrance qui y fait apparemment obstacle. Je dirai que les souffrances que j'ai vécues m'ont transformée en celle que je suis, et que celle que je suis est plus sereine que celle que j'ai été. J'ai été tannée comme du cuir, et cela m'a rendue (un peu) plus souple, (un peu) plus disponible à l'instant. J'ai compris que ce que j'attends ne vient pas et que vient ce que je n'attends pas. La souffrance permet de suivre des enseignements informels de philosophie et de sagesse. Au milieu des cris et des pleurs, des masques pour donner le change, des secrets impartageables, j'ai appris. Je ne vois plus la souffrance comme une ennemie du bonheur, mais comme une partenaire avec laquelle je pars à la conquête de moi-même. La souffrance est un papier de verre qui nous décape en prenant le temps qui est nécessaire. Elle tanne notre cuir.

Des personnes qui ont traversé des épreuves très dures, notamment physiques, témoignent que l'on peut souffrir et connaître des moments de bonheur, même s'ils sont différents des autres. Même malheureux, il y a des heures où l'on peut se sentir *dans* la vie. Être heureux dans un monde où il y a autant de tragédies est non seulement possible, cela est nécessaire.

Le serpent, le lézard, l'araignée, les crocodiles, les crustacés, les cerfs, les insectes muent. La mue est un changement de peau, de poils, de plumes, de carapace, d'ongles, de cornes… Elle est cyclique et se produit à plusieurs reprises au cours de la croissance de l'animal.

La fonction principale de cette mue est de permettre la croissance de l'animal. Elle permet de grandir, d'acquérir de nouveaux organes, voire de changer de forme (la larve devient papillon). La mue s'effectue en grandes étapes et peut s'étendre sur plusieurs jours à plusieurs mois. Certains animaux changent de milieu à l'âge adulte. Les ponts entre la mue animale et les nécessaires mues de l'homme sont criants. L'homme aussi est appelé à devenir un homme nouveau. Et cela implique toutes les dimensions de l'être. Le bonheur, c'est de devenir qui on est. Il faut savoir prendre son temps, ne pas forcer. Ce qui doit être sera. Nous sommes à l'image du gland, appelés à devenir chêne. À muer, muter.

> « La vie est belle et pleine de sens dans son absurdité, pour peu que l'on sache y ménager une place pour tout et la porter tout entière en soi dans son unité ; alors la vie, d'une manière ou d'une autre, forme un ensemble parfait. Dès qu'on refuse ou veut éliminer certains éléments, dès que l'on suit son bon plaisir et son caprice pour admettre tel aspect de la vie et en rejeter tel autre, alors la vie devient en effet absurde : dès lors que l'ensemble est perdu, tout devient arbitraire. »
>
> — Etty Hillesum

Un travail de deuil mené à son terme

Imagine-t-on un chêne regretter d'avoir été un gland, un papillon d'avoir été une chenille ? Il faut mourir pour renaître. Nous l'avons expérimenté tant de fois, n'est-ce pas ? Mourir, laisser progressivement aller ce qui a été. Ce que Freud appelle le travail du deuil est un processus intérieur long et complexe d'adaptation au réel. C'est un travail d'acceptation de ce qui est fini. En quelque sorte, on peut là aussi parler de mue.

Le travail de deuil n'est pas seulement à mener quand on perd un être cher. Dans une vie, on a parfois aussi à faire le deuil d'un emploi, d'un amour, d'une amitié, d'un pays, d'un idéal politique… On a le choix entre refouler ou aller au travers. Tout ce qui n'est pas intégré, assumé, nous le ruminerons, et ce seront autant de pierres dans nos souliers, autant d'obstacles pour être heureux.

Le bonheur a partie liée avec ce travail car c'est un chemin de détachement et d'intégration de ce qui a été vécu. Un travail de deuil bien mené prend tout son temps. Il y a des haltes, des rechutes, des accélérations, des détours. C'est un travail de réapprentissage à la VIE qui est à l'œuvre. N'écoutons pas les pressés : c'est un chemin des profondeurs, ce sera à vous, et vous seul de savoir quand il a assez duré, quand vous êtes prêt à renaître, à dire à nouveau oui à ce qui vient, confiant, ouvert. Car la vie ne sait que naître et renaître, naître et renaître. Heures douloureuses, mais heures par lesquelles progressivement on devient fort par là où on a été faible et où on devient plus sensible aux douleurs des autres, plus curieux de liens nouveaux et de découvertes.

Tout ce que nous n'avons pas réglé dans notre vie restera à régler. On l'a constaté maintes fois : les personnes âgées gardent en elles tout le non-résolu de leur vie. Le grossier en nous reste là jusqu'au bout, qui demande à être assumé, dépassé et sauvé. La boue qui demande à devenir de l'or. L'infirmière australienne Bronnie Ware, pendant plusieurs années, a mené des conversations avec des gens qui vivaient leurs derniers mois de vie. Elle a demandé aux patients : « Qu'auriez-vous fait autrement dans votre vie ? »

Les cinq réponses les plus courantes n'ont rien pour nous étonner :

1. Je regrette de ne pas avoir eu plus de courage pour vivre une vie selon mes propres désirs, plutôt que de vivre une vie selon les désirs et attentes des autres.
2. Je regrette d'avoir travaillé si dur.

3. Je regrette de ne pas avoir eu le courage d'exprimer mes sentiments.
4. Je regrette de ne pas être resté en contact avec mes amis.
5. Je regrette de ne pas m'être permis d'être heureux.

> « On ne réalise souvent qu'au bout du chemin que le bonheur était un choix. »

TROISIÈME PARTIE

INVITER LE BONHEUR PAR DES EXERCICES

« C'est vous qui devez faire l'effort, les sages montrent seulement la Voie. »

BOUDDHA

L'exercice au quotidien, le quotidien comme exercice. Cette dernière partie est consacrée aux quelques prises de conscience fortes ainsi qu'aux pratiques qui ont retourné ma vie. J'ai rassemblé 60 pratiques que j'ai expérimentées, découvertes dans des centres spirituels, chez des psys, en interviewant ou en lisant des thérapeutes, des philosophes, des psychiatres, des moines, en partageant sur le sujet avec des amis. Les amis sont toujours éclairants ! J'entends aussi et surtout, bien sûr, la joie, l'amour, l'amitié, la créativité, comme des pratiques transformantes.

Commencer par le commencement : comment être malheureux ?

Ceux qui changent, ce sont ceux qui pratiquent. En termes de conseils, nous pouvons commencer par le commencement : comment être malheureux ? Parce que dans l'art de saboter le quotidien, nous sommes passés maîtres. Mais avons-nous conscience des ficelles sur lesquelles nous tirons plus ou moins consciemment ? Avant d'être ambitieux pour notre bonheur, examinons notre pratique du malheur ! Cette pratique est un préalable à tout travail de connaissance de soi.

L'ART D'ÊTRE MALHEUREUX LES CONSEILS DE RENAUD PERRONET[1]

- Passer son temps à regretter le passé.
- Se plaindre de ses problèmes et ne rien faire pour les résoudre.

1. Coach et disciple du sage bengali Svâmi Prajnânpad.

- Abandonner lorsque les choses deviennent difficiles.
- Suivre la voie de l'argent et du profit.
- Vivre au-dessus de ses moyens et accumuler des dettes.
- Vouloir tout contrôler.
- Se concentrer sur ce que nous n'avons pas ou ne sommes pas.
- Être jaloux de tout le monde.
- Se sentir insulté, offensé ou en colère à tout vent.
- Toujours chercher l'approbation des autres.
- Ne jamais pardonner.
- Avoir des opinions extrémistes et en parler.
- Ignorer les opinions des autres.
- Toujours faire les choses exactement de la même manière, encore et encore.
- Fréquenter des personnes qui ne nous respectent pas.
- Ne jamais rien apprendre de nouveau.
- Ne jamais faire d'efforts pour progresser.
- Ne pas se sentir responsable de ses décisions et actions.
- Blâmer tout le monde pour ce qui ne va pas bien.
- Ne jamais aider les autres.
- Ne laisser personne nous aider.
- Ne faire confiance à personne, être méfiant de tous.
- Ne faire que les choses qui nous donnent un avantage, sans considérer les autres.

- Négocier des ententes qui désavantagent injustement les autres.
- Créer des conflits pour des riens.
- S'inquiéter sans raison valable.
- Ne pas prendre soin de sa santé.
- Ne jamais faire d'exercice physique.
- Ne jamais s'excuser.
- Déverser ses frustrations sur les autres.
- Ne pas terminer ce que l'on commence.
- Ne jamais sourire.
- Croire que travailler stressé est la seule façon de réussir.
- S'immiscer dans les problèmes des autres.
- Boire beaucoup d'alcool ou abuser de substances prohibées.
- Oublier de se distraire et ne penser qu'au travail.
- Ne pas prendre soin de ses proches et amis.
- Ne pas planifier et toujours attendre la dernière minute.
- Avoir peur du changement et lui résister.
- Être rancunier.
- Critiquer constamment…

Une liste que nous pouvons aisément compléter avec toutes nos idées personnelles !

Chapitre 1

Le bonheur vient des profondeurs

Le bonheur ressemble au grand luminaire de la nuit. Comme la lune, il a ses quartiers. Selon que la lune est pleine ou voilée, que son énergie est ascendante ou descendante, nous subissons des énergies différentes. Pour le bonheur, selon les moments, nous pouvons être actif ou plus contemplatif, engagé ou plus solitaire.

> « Ne courez pas après le bonheur, vous ne le trouverez pas. Faites-lui de la place, il vous trouvera. »

Quel bonheur choisir ?

Et le croupier de lancer : « Mesdames et messieurs, faites vos jeux ! » Autrement dit, faites votre choix ! La palette des bonheurs est si riche, si colorée. Une aisance matérielle relative est indispensable, mais où mettre la mesure ? Jusqu'où l'éphémère m'est-il nécessaire ? Le bonheur dans les liens ? Le bonheur en famille ? Plutôt avec l'amitié ? Ou, plus large encore, dans la solidarité ? Tout de suite ? Tout à l'heure ? J'accueille, j'anticipe ? De quel bonheur ai-je envie ?

1 • Dresser un bilan introspectif

Marie-Paule Dessaint, coach spécialisée dans les transitions de vie et auteure de *Relire sa vie*[1], invite à un face-à-face honnête avec soi-même en se reportant à de grandes lignes universelles :

- **28 à 36 ans. Conquérir son autonomie et s'établir**
  Devenir autonome sur les plans affectif, social et professionnel. Se tailler une place dans le monde et s'affirmer, tout en faisant des compromis pour y parvenir.

- **36 à 40 ans. Devenir un adulte à part entière**
  Continuer de gravir les échelons, mais le besoin d'autonomie (devenir soi-même) est de plus en plus pressant.

1. Marie-Paule Dessaint, *Relire sa vie. 21 récits pour vous guider*, Flammarion, 2014.

- **40 à 45 ans. La transition vers le mitan**
  Faire le point sur le passé et vérifier ce qui reste à faire.

- **45 à 50 ans. L'entrée dans le mitan**
  Se renouveler. Faire de nouveaux choix de vie. Donner vie à ses rêves.

- **50 à 60 ans. Le cœur du mitan**
  S'adapter lucidement au temps qui passe. Devenir plus souple, plus tolérant, plus chaleureux. Chercher à aider les autres, autant ses enfants que les inconnus.

- **60 à 65 ans. La sortie du mitan**
  Vers la sagesse et l'intégrité. S'adapter à la soixantaine et aux problèmes de santé. Approfondir ses relations interpersonnelles.

- **65 ans et +. La vieillesse**
  Accepter son propre cycle de vie comme celui qui nous était destiné et que nous avons suivi délibérément. En fait, vieillir avec élégance et maturité.

2 • Bénir au lieu de critiquer

Cette semaine, choisir une personne ou un événement que nous pourrions bénir au lieu de maudire, de mépriser, de critiquer. Autant de fois que nous y penserons dans la journée, dire : « Je te bénis, je te veux du bien, je veux apprendre à penser et à dire du bien de toi. » La bénédiction guérit la relation, elle l'élève. Il en est de même pour le passé : le bénir, c'est le guérir.

3 • Écouter la joie

Dès le matin, vous offrir une musique qui vous mette en joie. La mettre à volume certain si cela est possible avec votre environnement. Je passe pour ma part, selon mes humeurs, de chants orthodoxes à un duo de David Bowie avec Gail Ann Dorsey, de LP à Emma Chaplin… Je souris toute seule dans ma cuisine et dans mon salon en buvant le café. La journée commence bien.

4 • Ne pas essayer, faire

« Je vais essayer de maigrir. » ; « Je vais essayer de le convaincre pour cet été. » ; « Je vais essayer d'être retenu pour le poste. »… N'essayez pas, faites-le ! Imaginez le pilote dans l'avion : « Attachez vos ceintures. Je vais essayer d'atterrir à Roissy-Charles de Gaulle. »

À MÉDITER…
Le remords ne nous sert à rien

« La science du bonheur est une longue patience. Persévérez malgré les défaillances, il nous convient de connaître nos points faibles, mais ne nous laissons pas obséder par nos défauts : nous ne ferions que les aggraver. Parmi les lois de la pensée créatrice, il en est une, très importante : nous devenons ce que nous contemplons… C'est pourquoi vous ne devez pas contempler vos erreurs, même pour les regretter. Ce n'est pas le remords qui fera de vous un être neuf, c'est l'espérance.

Paresseux ? Contemplez l'activité. Infidèle ? Contemplez la merveille d'un amour qui dure. Méchant ? Contemplez tout ce qu'il y a de beau dans un trésor de bonté. Longue aventure que cette transformation, mais si belle aventure[1] ! »

Marcelle AUCLAIR

5 • Arroser ses qualités plutôt que d'arracher ses défauts

Les défauts sont comme une hydre à dix têtes. Beaucoup d'énergie, de déceptions, d'échecs, de

1. Marcelle Auclair, *op. cit.*

courage pour repartir à l'assaut. On s'en débarrasse… et ça repousse. C'est comme les poils. Nous n'arrivons pas à bout de ce grand combat. Il suffirait pourtant de renverser la perspective. On fait croître la sève de la vie non en arrachant des défauts qui reviennent, mais en arrosant des qualités qu'on néglige. Il n'y a pas de « petites » qualités. Comme dans un jardin, les mauvaises herbes ne cessent de revenir envahir l'espace ; mais si l'on apporte du temps et du soin à de jeunes pousses, ce sont elles qui bientôt feront la loi dans le jardin, et les mauvaises herbes n'auront plus de place…

Jean-Luc Leguay a été initié à l'enluminure pendant dix ans par un vieux maître franciscain italien. Ses enseignements visaient notamment à le libérer de lui-même :

> « Comment faire en sorte que ces pierres qui te font trébucher deviennent des pierres de construction ? Spontanément, on cherche à arracher violemment nos défauts. Las ! Ils repoussent avec d'autant plus de vigueur. Les Pères du désert des premiers siècles le savaient déjà. Il faut trouver le biais pour qu'un défaut devienne une qualité. Lui trouver une place où il n'est plus un empêchement. Pour cela, rien ne vaut la descente en soi. Elle est épuisante,

elle est aussi régénérante. Tu peux tout transformer.[1] »

Le maître lui conseilla un exercice pratique :

« Saisis-toi, par exemple, de ton orgueil (de ta paresse, de tes pulsions sexuelles…) si tu penses que c'est une pierre d'achoppement pour toi. Il y a moyen de le transformer en un moteur. Prends une page blanche que tu divises en deux. Dans la colonne de droite, tu notes tout ce que ton orgueil te permet de faire. Dans celle de gauche, tout ce qu'il t'empêche de faire. Tu vas voir, étonné, qu'une forme d'orgueil peut t'être bénéfique. Tu vas poursuivre ta réflexion. Le mot "orgueil", que tu plaques indifféremment sur les deux colonnes, convient-il vraiment ? Celui qui t'empêche est-il le même que celui qui t'aide ? Tu vas voir qu'il y a deux orgueils, qu'ils ne sont pas de même nature. Quel est le nœud de celui des deux qui est un frein sur ton chemin ? En t'interrogeant de la sorte, cela va élargir ta vision de l'orgueil. Tu sais désormais que tu as de l'orgueil en toi, tu ne cherches plus à l'arracher de force car tu connais désormais son visage d'ombre et son visage de lumière et tu sais qu'il peut aussi t'être utile. Pendant un temps, tu vas osciller

1. Jean-Luc Leguay, *Le Maître de lumière*, Albin Michel, 2004.

entre ton “mauvais” et ton “bon” orgueil. Ils seront souvent mêlés, tu n’arriveras pas encore à toujours faire la part des choses. Mais viendra le moment où tu trouveras le juste milieu. Tu comprendras le point d’origine de ton orgueil. Il s’évanouira alors comme une bulle de savon car il n’aura plus de raison d’être, il t’aura amené où tu dois être. Un défaut peut être une échelle qui te porte très haut. Il n’y a pas de mauvaises choses, seulement des choses mal comprises. Il ne s’agit pas de changer mais de devenir ce qu’on est. C’est terrible de voir toutes ces personnes qui luttent contre leur nature ! L’orgueil restera toujours en toi, mais il sera un cheval pour aller sur le chemin, et non plus une pierre qui te blesse. »

* * *

Miser sur la simplicité

« Embellis ton âme de simplicité », écrivait Marc Aurèle. On ne trouve pas le bonheur dans le spectaculaire car ce qui brille ne dure jamais. Pourquoi n’aimons-nous pas davantage ce qui est simple, le peu, l’ordinaire, le léger ? Pourquoi sommes-nous souvent si arrogants avec les petits gestes ? C’est pourtant tout un art, et par définition, il exige de l’habilité. La simplicité est un luxe suprême et une voie noble prônée par toutes les sagesses. Le secret du bonheur n'est pas trouvé dans le plus, il est dans le suffisant.

6 • Simplifier sa vie

Ajouter une touche de simplicité dans sa vie. Cela éclaircit les idées, cela permet aussi de se désencombrer et de revenir au centre, là où tout vibre. Pour apprendre à faire simple, l'esprit doit se priver de toutes les complications qui le rassurent. Une méthode fait fureur depuis des millénaires, c'est la célèbre distinction d'Épictète : qu'est-ce qui dépend de moi et qu'est-ce qui ne dépend pas de moi ? Dès lors, il est plus facile de faire le tri entre ce que nous pouvons changer et ce que nous devons accepter. Le bonheur est dans notre compréhension de cette différence.

À nos carnets pour dresser deux listes. Aujourd'hui, dans ce qui me chiffonne dans ma vie, qu'est-ce qui dépend de moi ou pas ? On en vient vite à la conclusion qu'il vaut mieux se concentrer uniquement sur ce qui dépend de nous !

7 • La belle simplicité : des idées bêtes comme chou

- Parler aux plantes. Leur dire du bien. Parce que dire du bien à une plante, son chat ou à quelqu'un, ça fait *toujours* du bien aussi.

- Manger du pain et des olives, comme saint François, et voir comme cela est bon. Aimer la simplicité. En être joyeux aujourd'hui.
- Caresser son chat, son chien, la main de sa femme, les cheveux de son fils, de son neveu. Pause. Tout est là. Contact, sensation, ne pas penser. Être.
- Choisir une musique qui nous met en joie pour commencer la journée et monter le volume. J'ai expérimenté. À pratiquer sans modération !
- Retrouver le plaisir d'aller au marché, sorte de grande fête saisonnière.
- Consommer mesuré. La question n'est pas : « Est-ce utile ? », mais « Est-ce nécessaire ? » Pourquoi quatre housses de couette ?
- Aller se coucher plus tôt ce soir.
- Marquer le début du week-end par un rituel. Par exemple, en cuisinant à deux, ou en allant au marché.
- (S)'offrir des fleurs.
- Retomber amoureux de son amoureux.
- Contempler le cœur d'une orchidée, regarder la pluie tomber, régulière, sur la terre qui l'attendait.
- Allumer une bougie pour marquer, et vivre, un moment que l'on veut hors de l'ordinaire.

> « Bâiller, rire, faire le pitre, se déguiser, danser, chanter… Ne pas toujours être sérieux. »

L'époque est contradictoire : nous nous disons saturés et en même temps nous sommes consentants ! Face au ralentissement inéluctable de la vie économique et des ressources environnementales, la vraie question va se poser, déjà brûlante : « Comment être plus heureux en ayant moins ? » On retrouve ici le beau concept de Pierre Rabhi, la « sobriété heureuse ». Si ce n'est pas le sujet qui nous intéresse, il nous faudra y venir car notre indécente hyperconsommation ne fait pas progresser notre bonheur d'un iota, mais bien notre esclavage. À la fin de l'année, par exemple, on se penche sur ce que l'on aimerait avoir, faire, vivre l'année à venir. On exagère, on en veut trop, toujours trop, et à un moment, on prend conscience que l'on ne fait souvent rien d'une grande partie de ce qu'on reçoit comme cadeaux.

Le « toujours plus » porte en lui même l'insatisfaction qu'il prétend guérir. Acheter des réserves de soupes, de chocolat, de vernis à ongles et de livres à lire pour « quand on aura le temps ». Tout ce temps passé à consommer. À thésauriser. À se rassurer en surface. Les moines ont fait de la sobriété une source de sens. Derrière leur volonté de ne rien posséder se cache le fait de se libérer le cœur et l'esprit des inquiétudes matérielles. En ne possédant rien, on n'a rien à perdre. On peut donc se libérer d'angoisses qui prennent une énergie inutile et retrouver un espace disponible pour ce qui compte vraiment.

Avant de vouloir acquérir de nouvelles vertus, comme la patience, ou de nouveaux « outils », comme de savoir méditer, il faut avant tout, prendre conscience de ce que l'on a en trop. Moi ? J'ai trop de tout. Trop de divertissements, trop de pensées, trop de contraintes, etc.

Se désencombrer de l'inutile et laisser la place à l'essentiel se fait (presque) tout seul, au fur et à mesure que l'on avance sur le chemin.

Prendre son crayon et lister des pensées, des responsabilités, des rancœurs, des deuils, la culpabilité… qui chargent aujourd'hui notre sac à dos et nous détournent de l'essentiel. On a tendance à vouloir en faire plus. On va essayer plutôt d'en faire moins. Le chemin spirituel n'est pas celui du remplissage, de la performance, des preuves à apporter… On est dans le don, la gratuité, l'inutilité. Plus facile à dire qu'à faire, n'est-ce pas ? Nous pourrions chaque matin prendre une décision : Que vais-je ne pas faire aujourd'hui ? Et demain ? Et après-demain ? Quand vais-je (enfin) décréter une journée sans télévision, sans téléphone, sans Facebook ou sans Instagram…

9 • Faire une seule chose, et la faire le mieux possible

Dans la conclusion de *Walden ou La vie dans les bois*[1], Henry David Thoreau, le chantre de la simplicité, raconte une très belle parabole hindoue. Il s'agit d'un artiste dans la cité de Kouroo disposé à atteindre la perfection. Un jour, il lui vint à l'idée de faire un bâton. Ayant considéré que dans une œuvre imparfaite le temps est un ingrédient, mais que dans une œuvre parfaite le temps n'entre pas en ligne de compte, il se dit : « Il sera parfait à tous égards, quand bien même je ne ferais rien d'autre dans ma vie. » La vie est trop précieuse, il importe de prendre tout son temps pour elle.

10 • Dessiner la réalité

Le philosophe Jacques de Coulon propose une expérience intéressante[2]. Prenez une feuille de papier et dessinez-y un gros point noir ou un nuage, une lettre, une libellule. Que voyez-vous ? Vous serez tenté de répondre un point noir, un nuage, une lettre, une libellule. La conscience a presque toujours tendance à focaliser sur ce qu'elle peut nommer. Mais ce faisant,

1. Henry David Thoreau, *Walden ou La vie dans les bois*, Gallimard, « L'imaginaire », 1990.

2. Jacques de Coulon, *Les Méditations du bonheur. 40 exercices spirituels d'Orient et d'Occident*, Payot, 2011.

on en oublie toute la surface blanche autour ! Cet exercice très simple souligne la contraction de l'esprit sur une portion restreinte de la réalité. On s'identifie ainsi à un phénomène particulier et on oublie le reste. La réalité ? Connais pas.

11 • Se redresser

Deux décisions pour retrouver sa colonne vertébrale au quotidien :

- Finir ce qu'on a commencé.
- Faire une seule chose à la fois.

Conte de sagesse
La Peste et la Peur

La Peste était en route vers Damas et croisa à toute vitesse la caravane d'un chef dans le désert.

« Où allez-vous si vite ? s'enquit le chef.

– À Damas, j'ai l'intention d'y prendre mille vies. »

Au retour de Damas, la Peste croisa de nouveau la caravane. Le chef dit : « C'est cinquante mille vies que vous avez prises, non mille.

– Non, dit la Peste : j'en ai pris mille. C'est la Peur qui a pris le reste. »

Anthony Mello,
Histoires d'humour et de sagesse

---

* * *

S'aimer

Être un ami pour soi-même, se respecter n'est ni de l'égocentrisme ni du narcissisme. Si l'on étouffe, si l'on s'aime mal, comment prétendre aimer et entrer dans une relation authentique avec l'autre ? Ne pas s'aimer assez est même une forme d'ingratitude vis-à-vis de tout ce que la vie nous a donné.

12 • S'aimer devant un miroir

Nous oublions souvent notre propre valeur. Louise L. Hay, dans son livre *Transformez votre vie*[1], propose la méthode du miroir. Cet exercice de pensée positive est déconcertant, et dès qu'on le pratique, on voit vite qu'il n'est pas si simple et qu'on peut mieux faire ! Il s'agit de se mettre devant son miroir et de se dire, yeux dans les yeux : « Je t'aime et je t'accepte exactement tel que tu es. » Cela prend souvent du temps avant d'y arriver ! On peut se répéter cette phrase dans la journée, dans le bus, partout. Cela fait cesser le monologue mental : « Comme je suis devenue grosse », « Comme j'ai l'air vieille », etc.

Luc Besson, dans son film *Angel A*, met en scène cette technique d'estime de soi. Un homme, André,

1. Louise L. Hay, *Transformez votre vie*, Marabout, 2019.

joué par Jamel Debouzze, ne sait pas s'apprécier (la scène dure 4 minutes mais elle contient absolument tout : https://www.youtube.com/watch?time_continue=13&v=p772d7uqNhM).

Face à un miroir, il apprend à se dire qu'il aime et qu'il s'aime. À force de se répéter « Je t'aime et je t'accepte exactement tel que tu es », on finit par court-circuiter les messages dévalorisants que l'on ne cesse de s'adresser, on cesse de se critiquer, au moins un peu. Cela aide à se voir comme une personne forte capable de grands accomplissements pour soi-même.

13 • Laisser parler ses amis

Pour ceux qui ont du mal à reconnaître leurs talents, il existe un petit exercice qui peut s'avérer spectaculaire. Poser une question de confiance à des personnes de son entourage (familial, amical ou professionnel) : « Si vous deviez compter sur moi pour quelque chose d'important, qu'est-ce que ce serait ? » Les proches renvoient un étonnant miroir et accélèrent les prises de conscience. Les amis sont ceux qui parlent le mieux de nous.

> « Le bonheur n'est pas dans la recherche de la perfection mais dans la tolérance de l'imperfection. »
>
> — Alfred de Musset

14 • Identifier ce qui me recharge (ou me décharge)

Nous rechargeons nos portables tous les soirs. Mais nous ? Nous rechargeons-nous ? Nous sommes énergie. Des lieux, des personnes, des activités, nous rechargent ou nous déchargent. Comme des éponges, nous absorbons le positif comme le négatif. Des relations toxiques ou des conversations pleines de négativité nous vident, boire de l'alcool ou nous coucher tard ne nous réussit pas, une marche dans la nature, une exposition de Cézanne nous revitalisent.

Mais on peut aussi commencer par ne pas perdre notre énergie bêtement, en se traitant mal par exemple. « Je n'y arriverai jamais », « Je suis nulle », « Dès que je me mêle de quelque chose, je fais tout rater »… On préférera : « Je vais/sais faire mieux. » La bonne énergie, c'est celle qui ouvre les portes, pas celle qui les claque. Il y a ce qui nous coûte et ce qui nous dope. Ce qui me recharge ? La musique des années 80, mes plantes, la méditation, un roman, jeûner, le silence de mon oratoire, regarder la mer en hiver… Et vous ?

15 • Prendre une technique de base pour dire non

Les refus génèrent souvent des conflits. Il existe de nombreuses techniques pour dire non. La technique du disque rayé est un grand classique, extrêmement simple. Elle consiste à répéter la même chose, autant de fois que nécessaire, tout en étant de plus en plus bienveillant à l'égard de la personne, à chaque répétition, jusqu'à ce que la personne comprenne ou abandonne.

C'est rarement avec un simple « non » que l'interlocuteur abandonne, il va relancer. On tient bon, en restant calme, aimable, sans s'énerver : « C'est non », « Je suis désolée, mais c'est non ! », « J'ai bien compris mais ce n'est pas possible », ou encore, ma réplique préférée : « C'est non, ce n'est pas négociable. »

16 • Dire stop

Nous ne sommes ni des saints ni des surhommes. La vie prend souvent à rebrousse-poil et il est sain de faire savoir aussi qu'il y a des jours où trop c'est trop. Râler un quart d'heure par jour, à huis clos, est une pratique de salubrité publique. Chaque chose en son temps. S'accorder un peu de commisération, et puis revenir là où on est. On peut alors passer à autre chose.

17 • Se complimenter

- Regarder tous les jours un progrès accompli.
- Regarder tous les jours une chose que l'on a et que tout le monde n'a pas.

- Reconnaître qu'on porte du fruit, sans modestie.
- Reconnaître qu'on porte du fruit, avec modestie.

18 • Lister ses qualités

Entrez dans la farandole de vos qualités. Tâchez de vous reconnaître dans la liste qui suit ! Entourez les vôtres. Cette liste, non exhaustive, est fabuleuse. On se sent riche ! Une fois identifiées les qualités que vous vous trouvez (à croiser avec le regard de quelqu'un d'autre sur soi révèle des surprises), décidez de miser votre énergie dessus ! Regardez-les dans les yeux. Vous en faites quoi ? Vous les développez ou vous les gardez bien au chaud, en attendant qu'elles agissent toutes seules ?

Faites une liste sur une belle feuille. Ça fait drôle de se voir comme ça, non ? C'est une base de travail sur soi incomparable. Les lire, les relire, les arroser comme des fleurs précieuses pour les incarner chaque jour davantage. C'est le cadeau qui nous est fait, et c'est à partager sans réserve. Nos qualités, c'est notre capital ! Sans oublier nos « petites » qualités, comme la puissance d'un sourire.

Je conseille aussi de pratiquer cet exercice avec les enfants. Il est souvent difficile, parvenu à l'âge adulte, de dresser une simple liste avec dix qualités. Il est d'autant plus important d'apprendre à les déceler plus jeune ! Pour s'aimer, il faut s'y prendre tôt. Après, on est pris dans des miroirs déformants. Et si l'enfant a du mal à citer spontanément ses qualités, le prendre par la main avec cette liste. Nous sommes plus beaux qu'on ne le croit.

À l'écoute
Accessible
Accueillant
Adroit
Affectueux
Aimable
Ambitieux
Amical
Amusant
Analytique
Apaisant
Appliqué
Artiste
Assidu
Assuré
Astucieux
Attentionné
Audacieux
Authentique
Autonome
Bienveillant
Bon
Bonne résistance au stress
Bricoleur
Calme
Chaleureux
Charismatique
Clément
Combattif
Communicant
Compatissant
Compréhensif
Conciliant
Consciencieux
Constant
Convaincant
Courageux
Créatif
Curieux
Débrouillard
Décidé

Délicat
Déterminé
Dévoué
Digne de confiance
Diplomate
Direct
Discipliné
Discret
Doux
Dynamique
Efficace
Empathique
Endurant
Enthousiaste
Esprit d'analyse
Esprit d'équipe
Esprit de compétition
Esprit positif
Esprit scientifique
Être honnête
Expérimenté
Fiable
Fidèle
Flexible
Galant
Honnête
Humble
Imaginatif
Indépendant
Infatigable
Ingénieux
Inspiré
Intègre
Intelligent
Intuitif
Inventif
Joyeux
Juste
Libre
Logique
Loyal
Lucide
Méthodique
Méticuleux
Minutieux
Motivé
Naturel
Novateur
Nuancé
Objectif
Observateur
Optimiste
Ordonné
Organisé

Original
Ouvert d'esprit
Pacifique
Patient
Perfectionniste
Persévérant
Perspicace
Persuasif
Poli
Polyvalent
Ponctuel
Pondéré
Posé
Pratique
Précis
Prévenant
Prévoyant
Prudent
Réaliste
Reconnaissant
Réfléchi
Résistant
Respectueux
Responsable
Rigoureux
Rusé
S'adapte facilement
Sage
Sens de déléguer
Sens de l'humour
Sensible
Sérieux
Sincère
Sociable
Soigneux
Souple/Adaptable
Souriant
Spontané
Stable
Stimulant
Stratège
Studieux
Sympathique
Tenace
Tolérant
Travailleur
Vigilant
Volontaire
Vrai

* * *

LIBRAIRIE DURANCE
4 ALLEE D'ORLEANS BP 172
44019 NANTES CEDEX 01

Tel:02 40 48 68 79
www.librairiedurance.fr

Ticket : 327 du 10/06/2022 17:43:19
Poste : 8 - Cloture : 5311 - Caissière : 7

Vente

Qté	Article	Prix	TVA
1	LE BONHEUR CA SE PRATIQUE	7,60	2

Sous total LIVRE : 7,60 €

1 Article(s) **Total : 7,60 €**

Especes 7,60

*** TVA ***

Code	Taux	HT	TVA	TTC
2	5,50	7,20	0,40	7,60
Totaux TVA		7,20	0,40	7,60

Echange sous huit jours sur présentation de ce ticket

Aimer

S'aimer, c'est déjà toute une histoire. Mais aimer l'autre, c'est gravir l'Everest. On y arrive jusqu'à une certaine altitude mais on s'essouffle parfois vite. On peut mieux faire, mais pour cela il vaut mieux regarder vers les sommets, pas vers le bas…

19 • Rendre des services invisibles

On dit que chacun d'entre nous a un ange gardien qui le protège de lui-même (qui essaie…). On peut faire l'expérience, pendant une semaine, d'être l'ange gardien de quelqu'un.

Comment s'y prendre ? Tout d'abord, choisir qui on va accompagner. Lister des visages. En élire. Pas forcément celui qu'on aime le plus. Chercher des idées de petits gestes, les laisser mûrir, puis passer à l'action. L'idée, bien sûr, n'est pas de recevoir des compliments pour notre gentillesse pendant une semaine mais d'être un ange *invisible*. La personne de notre choix se sent entourée et les choses se font, « comme par hasard ». Par exemple : son manteau tombe, il est ramassé dès qu'elle a le dos tourné. On choisit un « cadeau » immatériel par jour (proposer de faire les courses, passer un coup de fil administratif qui traîne et qui pèse, de rapporter le pain du soir, le gâteau du dimanche…), et l'on essaie d'être attentif aux petits détails qui la concernent.

On peut décider, chaque semaine, ou chaque jour, d'être l'ange d'une personne différente. Le don, sans rien attendre en retour, c'est de l'amour porté à son comble.

> « Aimer, c'est tout donner, et se donner soi-même. »
>
> — Thérèse de Lisieux

20 • Pratiquer des petits gestes du cœur

- Pour prendre une bonne direction dès le matin, prenons la direction de l'autre. Rien de tel qu'une intention pure et une prière à la Vie : « Donne-moi d'aimer tous ceux que je vais croiser aujourd'hui, directement ou indirectement. »
- Voir le bon côté des autres (sans s'oublier !).
- Offrir sa journée ou un moment de sa journée. Comme on dédicace des livres, les comédiens offrent souvent leur représentation, telle soirée à leur père malade, telle autre à une amie en détresse qui est dans la salle… Ce sont des cadeaux immatériels plus précieux que l'or. La plupart du temps invisibles, ils sont un don de cœur à cœur. Le matin, en commençant sa journée, on peut dédier sa journée à tel neveu qui fête aujourd'hui ses dix

ans, à son ex dont la mère vient de mourir… On peut offrir dans son cœur le gâteau qu'on confectionne à une mère gourmande qui nous a bien nourri. On peut faire des cadeaux par brassées dans l'invisible, qui n'est qu'une autre épaisseur du visible.

- Sélectionner des photos sur votre ordinateur et les faire tirer. Une fois tous les 18 mois, j'en tire environ 200 (au-delà de 100 photos, cela fait baisser le tarif à l'unité, ce qui me donne un prétexte pour me lâcher !). La moitié est pour moi, l'autre pour offrir. Encore de l'immatériel !
- Préparer une surprise à quelqu'un, un ami, un amoureux, sa mère, son coiffeur, sa gardienne, son voisin…
- Soigner les détails quand on invite (dresser une jolie table), quand on fait un cadeau (un papier cadeau original ou personnalisé), quand on écrit (un joli timbre sur une carte…), quand on invite une amie à dormir (mettre une fleur sur sa table de nuit). Ces attentions minuscules ont un poids énorme car plus personne n'a le temps (ne prend le temps) de faire ces petits gestes qui disent beaucoup…

21 • Savoir refuser des invitations

Aller à un mariage où on ne connaît personne, au pot de départ d'une collègue avec laquelle on n'a jamais eu d'affinités, aller passer un week-end avec les amis de son mari et leurs femmes… On l'a assez fait, non ? Refusons les invitations forcées. De la sorte, on va à la rencontre de l'autre non plus dans la contrainte mais pour de belles raisons. Et ceux qui nous reçoivent sont sûrs qu'on est là pour eux et non par politesse ou intérêt.

22 • Faire une promenade de bonté

Trouvée dans le magazine *Sens & Santé*, cette excellente idée : sortir faire une promenade de bonté. Quand nous nous sentons le moral en berne, des chercheurs de l'université de l'Iowa[1] (Etats-Unis) suggèrent de sortir de chez soi en se mettant dans une disposition particulière, plus précisément en souhaitant le bien des autres, en les regardant quand on les croise, en cherchant le beau dans leur apparence physique, dans la couleur de leurs vêtements… Adopter cette attitude bienveillante durant *douze minutes* suffirait à réduire l'anxiété tout en augmentant le bonheur, l'empathie et les sentiments de lien social. C'est une stratégie simple qui ne prend pas beaucoup de temps et que l'on peut intégrer à ses activités quotidiennes. Souhaitez à tous ceux que vous croiserez aujourd'hui d'être heureux !

1. *Journal of Happiness studies*, mars 2019.

23 • (D'autres) idées bêtes comme chou

- Soigner la dédicace d'un livre que l'on offre.
- Envoyer une carte postale pour un anniversaire, une fête, ou juste pour le plaisir en y recopiant simplement une citation qui nous touche.
- Choisir avec soin et amour le menu pour un dîner d'amis ou de famille, l'alliance des mets et des vins. Ces heures à imaginer, à faire les courses, à préparer le repas et la table sont à elles seules de bons moments.

> « Aujourd'hui je réalise que rien ni personne ne m'appartient. »

24 • Dix conseils relationnels pour tous les jours

- Savoir passer à autre chose.
- Ne pas camper sur ses positions.
- Se parler en face (pas par derrière).
- Ne pas réagir de manière personnelle.
- Ne faire aucune supposition/interprétation.
- Faire confiance.
- Ne pas compter ce qu'on donne.
- Vérifier qu'on sait recevoir.

- Savoir garder une juste distance.
- Rire ensemble.

> « Merci pour tout ce que j'ai déjà reçu, merci pour tout ce que je suis en train de recevoir. »

25 • Bénir tout et tous

- Il nous faut accueillir l'instant comme il est – une maladie, une chose que l'on ne comprend pas, une personne qui nous « désaime », une souffrance qui nous cloue au lit… –, non comme nous aimerions qu'il soit. Le bénir, quel qu'il soit. Alors de grandes choses arrivent.
- C'est mettre la lumière dans l'enfer, c'est sortir de nos prisons et du bonheur conditionné.
- Nos pensées, nos gestes, nos regards devraient être des bénédictions, jour et nuit. C'est un véritable combat contre notre ombre. Bénir est la vocation de l'homme. « Dieu vit que tout cela était bon », nous dit la Genèse chaque jour de la création. Pourquoi n'arrivons-nous pas à entrer dans ce sillage ?
- Bénir une personne qui nous contrarie, nous blesse, nous humilie, c'est la mettre un instant à part de tout le reste de la création. C'est demander

au divin de faire pour elle – dire du bien – ce que nous ne savons pas faire nous-mêmes. C'est une façon de dire : « Aujourd'hui, rien qu'aujourd'hui, je ne jugerai pas. » Rien n'alourdit plus notre vie spirituelle que le jugement… À force de bénir, on juge de moins en moins les autres, même en pensées. On apprend à les laisser être, simplement.

- Si je bénis l'instant présent, et tout ce qu'il contient, indifféremment, j'arrive au sommet de ce dont l'homme est capable. Bénir tout ce qui vient à notre rencontre, ce qui se présente à notre regard. Tout bénir, personnes, situations, événements, contrariétés. Son épouse toujours fatiguée, son patron exécrable, son ambiance de travail, etc. Cela devient une manière d'être, un style. C'est le choix de se lever le matin autrement. Nous mettrions le feu au monde si nous étions des êtres de bénédiction, le feu à nos familles, à nos entreprises, à nos quartiers, etc. Nous nous regardons à peine les uns les autres. Il serait pourtant possible, petit à petit, de réformer notre indifférence foncière. Nous n'y arrivons pas car nous sommes trop tièdes. Le travail de connaissance de soi n'épargne pas l'ego, mais il libère une certaine vérité. Je dis « nous », mais vous l'aurez compris, je dis d'abord « je ».
- J'ai expérimenté dans ma vie, en bénissant chaque jour une personne qui me faisait souffrir jusqu'à

l'obsession, que la bénédiction est un acte qui ouvre *réellement* les situations. Je te bénis, cela veut dire : « Je ne te réduis pas à ce que tu me fais, je te sais plus vaste. » Je le disais chaque fois que j'y pensais, chaque fois que j'en étais capable ; je le disais souvent sans le penser mais je posais l'acte. Dire et penser comme ça jour après jour dans une période où l'air est rare, c'est une révolution. Non seulement elle change la façon dont on vit le présent, mais nettoie le regard que l'on porte sur le passé. Pour certains, la bénédiction porte du fruit comme par magie, en ce qui me concerne, cela a été (très) long. Mais les sons de ma trompette ont fini par faire tomber les murs de Jéricho qui nous séparaient.

> « Si l'on ne trouve pas la vie assez belle pour la mordre comme du bon pain, c'est que quelque chose ne va pas en nous. »

26 • Identifier les trois kifs du jour (de la semaine, du mois, de l'année)

Cette pratique est inspirée par Florence Servan-Schreiber et son livre *3 kifs par jour. Et autres rituels recommandés par la science pour cultiver le bonheur*[1]. Ouvrir un journal de gratitude. Chaque soir, en 10-15 minutes, faire une liste de moments, situations, sensations, pensées ou instants agréables de la journée. Ce peut être gros, petit, durable, fugace, sans conséquence ou déterminant. En sélectionner trois et écrire des fragments. Vingt minutes par fragment. On peut aussi organiser une soirée de kifs annuelle, où on reçoit avec un repas délicieux (je vois que vous ne connaissez pas ma pizza aux sardines et à la tomate !), plein d'amour et où chaque convive partage avec les autres trois kifs de son année. Gratitudes partagées.

27 • Devenir un être plus large

- **Écrire sa reconnaissance à la vie.**
  L'ingratitude ce n'est pas d'omettre de dire merci, c'est le refus de reconnaître le bien qui arrive dans notre vie. Comme une liste de courses, lister sur un carnet toutes les raisons que vous avez d'être reconnaissant à la vie : remercier pour ce que vous êtes, remercier pour ce que vous avez, remercier pour ce qui est.
- **Écrire une lettre reconnaissante et aller la remettre en mains propres.**

1. Florence Servan-Schreiber, *3 kifs par jour. Et autres rituels recommandés par la science pour cultiver le bonheur*, Marabout, 2014.

Il y a certainement une personne à qui vous avez « oublié » de dire merci. Pour un geste compris avec du retard, par négligence, par gêne, par orgueil… Si vous preniez le temps de lui écrire une lettre ? Une lettre ça se soigne, on choisit ses mots, on va plus au fond des choses. Ce geste devenu rare n'en sera que plus précieux. Et si vous vous en sentez le courage, allez la lui remettre en mains propres. Sinon, le facteur sera votre messager.

- **Écrire une lettre à son père, une autre à sa mère pour les remercier (s'ils sont toujours en vie et si vos relations le permettent).**

Les remercier de ce qui en vous dépend d'eux. De ce que vous avez reçu d'eux, une qualité, un état d'esprit, un talent, une valeur… ou tout cela à la fois.

28 • Se souvenir des plus beaux cadeaux qu'on a reçus

On entend parler chaque année à Noël de tous les cadeaux revendus le jour même sur Internet. Cela me fait une telle peine à chaque fois. D'une certaine façon, c'est comme si on se remboursait un peu de l'argent dépensé pour faire des cadeaux aux autres. On met au rebut l'objet qui ne nous touche pas, en oubliant le geste de la personne qui l'a choisi pour nous. Ça me plaît je garde, ça ne me plaît pas, je ne garde pas. Plus binaire, tu meurs !

Il ne s'agit pas de garder les choses par politesse, mais le côté mercantile me glace. Je trouve cela triste et cynique. Je propose un exercice de bonheur diamétralement opposé : se poser et réfléchir aux plus beaux cadeaux que l'on a reçus. Le plus souvent, ils ne sont pas appréciés pour leur valeur marchande, car nous avons vu le regard d'une personne et son intention d'abord…

Les cadeaux qui m'ont le plus marquée sont ceux pour lesquels on a pris du temps pour moi dans les semaines ou mois qui ont précédés la date.

* * *

Prendre garde aux pensées

Pensées positives ou pensées limitantes ? Victime ou responsable de notre vie ? Sommes-nous conscients de l'atmosphère dans laquelle notre mental baigne, et donc nous fait baigner ?

29 • Penser affirmatif

Les neurosciences ont prouvé que nos pensées peuvent changer la structure et les fonctions de notre cerveau. Ainsi, les affirmations positives sont une forme d'autosuggestion. Lorsqu'elles sont pratiquées intentionnellement et à de nombreuses reprises, elles renforcent les capacités du cerveau dans sa structure et dans son fonctionnement. C'est ce que l'on nomme la « plasticité neuronale ». En pratiquant l'affirmation positive de manière régulière, on peut réellement changer. C'est un remodelage de la pensée.

Choisissons une ou deux pensées sur lesquelles nous nous concentrerons durant plusieurs semaines. Répétons l'affirmation à haute voix d'une voix claire plusieurs fois par jour et avant de se coucher. Pour ajouter plus de pouvoir à l'affirmation, écrivons-la également. Dans tous les cas, assurons-nous d'utiliser le présent dans la formulation de nos affirmations, comme si elles étaient une réalité présente.

Quelques exemples :

- Je me félicite pour mes efforts, même les plus banals.
- J'ai des limites saines avec les autres.
- Aujourd'hui, je réussis. Demain, je réussirai. Chaque jour, je réussis.
- La confiance est ma seconde nature.
- J'aime le changement et je m'adapte facilement aux nouvelles situations.
- Je ne vois toujours que le bien chez les autres. J'attire uniquement des personnes confiantes et positives.
- Je sais que ma sagesse intérieure est mon meilleur guide.

- Je choisis d'être fier de moi.
- À chaque respiration, je libère mon corps du stress.
- J'envoie de l'amour à tous les organes de mon corps.

30 • Repérer les fausses croyances

- Si je n'ai pas ce que je désire, je ne peux qu'être malheureux.
- Le monde est injuste et cruel.
- La vie est un match.
- Mon passé détermine mon comportement actuel et je serai toujours victime de celui-ci.
- Il y a ceux qui ont de la chance et ceux qui n'en ont pas.
- Ma valeur personnelle correspond à ce que j'accomplis dans la vie…

31 • Mon frigo est un lieu de sagesse

J'aime me laisser de petits mots sur le frigidaire. J'y accroche mes dernières prises de conscience. Je les change quand le message est intégré. Une phrase a passé des mois sur mon frigo : « Je ne suis pas obligée de croire ce que je pense. »

> « 90 % de nos pensées sont stériles et répétitives. »
>
> — Eckhart Tolle

32 • Noter ses pensées négatives

Les noter à chaque fois qu'on les constate ! Une fois exposées, ces pensées ne peuvent plus influencer votre subconscient. Il n'aime rien moins que la lumière ! Ce qui n'est plus caché perd de sa force.

« Je veux être heureux », dites-vous ? Cherchez l'erreur…

« Je », laissons tomber notre ego.

« Veux », laissons tomber notre obsession du résultat.

33 • Différencier les faits et les jugements

Objectivité :

Qualité de quelqu'un, d'un esprit, d'un groupe qui porte un jugement sans faire intervenir des préférences personnelles ;

Qualité de ce qui est conforme à la réalité d'un jugement qui décrit les faits avec exactitude[1].

Distinguer les faits (indiscutables) des opinions (discutables) est un exercice incontournable pour le candidat au bonheur. Car dès que l'on mélange les deux, nos fantasmes s'engouffrent.

1. Définition du Larousse.

Petit exercice d'école primaire réadapté :
Dans les affirmations suivantes, les enfants sont invités à dresser une sorte de carte d'identité qui permet de reconnaître d'un côté les faits (description sans jugement, sans opinion, comme si une caméra filmait la scène) et de l'autre les opinions (présence de mots qui témoignent d'un jugement, d'une appréciation personnelle, une opinion pouvant être vraie ou fausse). Une distinction fondamentale pour la qualité de nos échanges avec les autres (les opinions sont sujettes à débat…) mais aussi pour cesser d'interpréter la réalité (sans nous en rendre compte !).

- J'adore la neige, les orchidées, les bijoux en argent. (opinion)
- Je n'aime pas les huîtres, le bœuf et le céleri. (opinion)
- Lady Di est morte. (fait)
- Les hommes ne pleurent pas. (opinion)
- La réunion est prévue à 19 heures. (fait)
- Je crains que la réunion se passe mal. (opinion)
- De nombreuses personnes prennent des résolutions le 1er janvier. (fait)
- L'eau gèle à partir de 0 °C. (fait)
- Les pingouins ne peuvent pas voler. (fait)
- Les pingouins sont plus beaux que les phoques. (opinion)

- Les ateliers d'écriture sont faits pour ceux qui savent bien écrire. (opinion)
- Tu es énervant. (opinion)
- La réparation m'a couté 300 euros. (fait)
- Ce matin, il fait 21 °C. (fait)
- Ce matin, il faut chaud (opinion)
- Après 20 ans dans le même secteur, c'est impossible de faire autre chose. (opinion)
- J'ai été licenciée à la fin du mois dernier. (fait)
- Je viens d'être licenciée, je ne retrouverai jamais de travail. (opinion)
- Le Portugal a remporté la coupe d'Europe de Football en 2016. (fait)
- Après 40 ans, il est trop tard pour reprendre des études. (opinion)

Cela a l'air enfantin, n'est-ce pas ? On se prend pourtant tous les jours les pieds dans le tapis. Les faits, colorés par nos jugements de valeur, paraissent souvent pires qu'ils ne sont. Sans compter que nous réagissons en fonction de nos interprétations :

- Mon fils n'a toujours pas rangé sa chambre après ma troisième demande (fait), j'en conclus qu'il est paresseux ou de mauvaise volonté (interprétation). Je le punis (réaction).
- Ma meilleure amie demande conseil à Charlotte plutôt qu'à moi (fait), j'en conclus qu'elle n'a plus

confiance en moi (interprétation). Je fais la tête (réaction).

Dressons une liste de ce qui nous chiffonne en ce moment, et distinguons ce qui est objectif de ce qui relève de notre opinion. On peut se libérer de pans entiers de notre vie, souvent colorés à tort en gris. Avant d'agir ou de réagir, revenons-en aux faits. Et la vie se simplifie car c'est notre mental qui fait des « sacs de nœuds », pas le réel.

> « Le bonheur n'est pas un événement, c'est une aptitude. »
>
> — La Rochefoucauld

34 • À l'autre, jamais ne se comparer

- J'ai raison, tu as tort (ou inversement).
- Je suis inférieur, tu es supérieur (ou inversement).
- Je suis gentil, tu es méchant (ou inversement).
- Moi plus, toi moins (ou inversement).

35 • Être sans pitié avec ses pensées

Christophe André envisage le fait de penser d'une façon intéressante. Pour lui ce n'est pas tant qu'une pensée soit vraie ou fausse – je suis capable ou pas… – mais : « Ma pensée est-elle utile ou pas ? »

- « Je n'arriverai jamais à parler en public » est une pensée inutile.
- « Je devrais prendre des cours de théâtre pour travailler ma timidité » est une pensée utile.

À nos obsessions et à nos stylos !

Conte de sagesse
La faute

Un frère de Scété commit une faute que l'histoire ne dit pas. Cette faute fut pourtant considérée assez grave pour que les anciens se réunissent et décident d'une sanction envers le moine pêcheur. Pour s'assurer une plus grande justice, ils appelèrent l'abbé Moïse et l'invitèrent à siéger avec eux.

L'abbé refusa d'abord de venir. Mais comme il recevait message sur message des pères de Scété, il se mit en route. Il emporta un vieux sac percé de trous qu'il emplit de sable et traîna derrière lui dans le désert.

Du haut du monastère, un moine de Scété le vit venir sur la colline. Tous accoururent pour l'aider car il marchait avec peine.

Un des anciens vit le sac et demanda :

« Pourquoi vous être chargé d'un sac de sable ?

– Mes fautes s'écoulent derrière moi, et je ne les vois pas, dit l'abbé Moïse. Et aujourd'hui, vous me demandez de juger les fautes d'un autre[1] ! »

---

1. Nathalie Leone, *Contes des sages chrétiens*, Seuil, 2018.

Chapitre 2

La créativité

« Si vous n'avez rien à créer, créez-vous vous-même. »

Carl Jung

On ne cesse de le dire et ceux qui passent à l'acte ne seront jamais assez nombreux : la créativité donne un accès direct au bonheur. Moi qui anime des ateliers d'écriture depuis 15 ans, je peux témoigner des portes que j'entends s'ouvrir, des visages et des regards qui s'éclairent, des mots insoupçonnés qui remontent des profondeurs et libèrent. L'imagination et le réel s'étreignent, ce n'est ni plus ni moins que de la joie qui s'extériorise.

36 • Se souvenir d'expériences optimales

Mihaly Csikszentmihalyi, professeur hongrois de psychologie émigré aux États-Unis, est l'un des plus grands chercheurs actuels en psychologie positive. Il a interrogé des individus qui vivaient la vie avec bonheur et passion et leur a demandé d'identifier les conditions des meilleurs moments de leur vécu. Plus de 8 000 artistes, sportifs, joueurs d'échecs, religieux, chercheurs, chefs d'entreprise… et un grand nombre de personnes ont été sondés afin de comprendre comment ils pouvaient obtenir autant de plaisir dans une activité en dehors de gratifications extérieures comme l'argent ou la reconnaissance sociale.

Mihaly Csikszentmihalyi a développé la théorie du « flow » et l'a décrit » dans *Vivre. La psychologie du bonheur*[1]. Le flow est un état d'absorption complète dans une activité où l'ego semble disparaître, le temps n'a plus d'importance et un sentiment de joie, de liberté et de confiance en soi se développe. Il s'agit d'un état proche de la transe hypnotique. Il ressemble à un courant qui emporte le sujet et l'immerge dans un sentiment d'accomplissement et de bien-être. Nous pouvons l'atteindre en tirant à l'arc, en étant amoureux, dans un livre qui nous passionne, un film ou un documentaire sur un sujet qui nous intéresse, en cuisinant, en dansant, en transformant une vieille robe, en impro au théâtre, en faisant de la voile, en jouant aux échecs… Nous ne

1. Mihaly Csikszentmihalyi, *Vivre. La psychologie du bonheur*, Pocket, 2006.

voyons pas le temps passer, nous entrons dans une sensation d'éternité.

Vous avez dit créativité ? L'écriture et la lecture me font indéniablement vivre des expériences optimales. Les mots ne sont pas votre tasse de thé ou vous intimident ? D'autres activités créatrices permettent justement de s'exprimer avec d'autres médiums et de découvrir d'autres émotions, d'autres pensées. La créativité élargit l'horizon et la conscience de soi. On assiste même à des « surprises de conscience ». Sans se préoccuper de la qualité ou de l'apparence de l'œuvre finale, nous prenons contact avec nos sentiments, et les exprimer nous transforme.

Le panel créatif est infini… Écouter de vieux disques sur lesquels on a dansé, ri, chanté, partagé. Faire remonter des pans de mémoire. Une musique sacrée, une chanson italienne, un gospel, de la variété française… Savez-vous que pour les personnes qui sont dans le coma on conseille aux proches de choisir des chansons qui ont été importantes pour la personne et de les leur faire écouter ? Je connais un homme qui est « remonté » après cinq mois de coma ainsi.

Dessiner ; peindre ; redonner du lustre et redécorer l'entrée de chez vous, lieu de passage sans charme ; apprendre la calligraphie, un instrument de musique, la sculpture ; s'inscrire à un cours de hip-hop, de valse ou de danse classique ; créer un petit jardin sur son balcon ; suivre un cours de cuisine japonaise un samedi après-midi ; participer à un flash-mob, à un stage d'écriture pendant l'été, ou pour éclairer l'hiver ; photographier des recoins ou des objets, des tableaux que l'on aime chez soi en cherchant un angle original, ou en faisant une mise en scène, etc. Si nous creusions un petit peu, nous pourrions trouver de l'or.

Tout le monde ne se sent pas une âme d'artiste. Mais nous pouvons exprimer notre créativité dans le quotidien : la façon de décorer une table, de cuisiner, de s'habiller… et surtout celle de mener notre vie. Notre existence est notre première création.

37 • Réintroduire une expérience optimale

Réfléchir aux expériences optimales que vous avez déjà vécues. *Tout le monde* en a eu. Elles peuvent ne plus avoir eu lieu depuis longtemps ou avoir été remplacées par d'autres. Cherchons-en autant que possible. Pas trois, mais dix ! On gagne en connaissance de soi si l'on essaie de leur trouver des points communs. Choisissons une activité, réintroduisons-la dans notre vie, engageons-nous intérieurement sur la régularité.

Et foncer. Et s'en féliciter à chaque fois. Les expériences optimales seront au bout du chemin.

À MÉDITER…
Aller jusqu'à ses limites

« Voilà ce que nous entendons par expérience optimale. C'est ce que ressent le navigateur quand le vent fouette son visage… c'est le sentiment d'un parent au premier sourire de son enfant. Pareilles expériences intenses ne surviennent pas seulement lorsque les conditions externes sont favorables. Des survivants de camps de concentration se rappellent avoir vécu de riches et intenses expériences intérieures en réaction à des évènements aussi simples que le chant d'un oiseau […]. Ces grands moments de la vie surviennent quand le corps ou l'esprit sont utilisés jusqu'à leurs limites dans un effort volontaire en vue de réaliser quelque chose de difficile et d'important. L'expérience optimale est donc quelque chose que l'on peut provoquer[1]… »

Mihaly CSIKSZENTMIHALYI

38 • Fendre le rocher

Cinq minutes d'eau qui coulent sur un rocher jour après jour finiront par fendre la roche la plus dure. Cinq minutes de discipline chaque jour valent

1. Mihaly Csikszentmihalyi, *op. cit.*

souvent mieux qu'une heure une fois de temps en temps. S'imposer de petits efforts (voire un seul) vaut mieux que de se prendre pour un athlète et de baisser les bras en un mois : manger moins (et mieux), se lever une heure plus tôt, prendre une douche froide, méditer 5 minutes, sauter un repas par semaine et choisir d'aller marcher à la place… Être régulier fait un bien que l'on n'imagine pas !

39 • Libérer sa créativité en 20 conseils

- Pour réinventer son quotidien, sortir des sentiers battus, réaliser ses rêves…
- Avoir toujours un carnet et un crayon à portée de la main.
- Lister les idées qui viennent.
- Redécouvrir les vertus de la rêverie.
- Faire des pauses.
- Laisser libre cours à sa curiosité.
- Ne pas se forcer.
- Marcher le nez au vent.
- Développer son sens de l'observation.
- Rencontrer des artistes.
- Prendre des cours.
- Ne pas avoir peur d'être différent.
- Laisser le temps aux idées de mûrir.
- S'autoriser les erreurs.
- Être ouvert aux nouvelles idées.
- Renouer avec l'émerveillement.

- Ne pas se comparer.
- Être bienveillant envers soi-même.
- Aller dans les bibliothèques, les musées, sur Internet pour se nourrir des créations des autres.
- Ne jamais abandonner.

40 • Magnifier le verbe

(Se) parler, (s') écouter, (s') écrire. Êtres de relation nous sommes. Le Verbe est la porte de la vie ! Avec lui, et avec son frère jumeau, le silence, on peut tout vivre. Il nourrit la vie en nous, il est source et rivière. Nous pouvons lire de la poésie, en apprendre par cœur, la dire à haute voix pour qu'elle prenne chair. Si demain on m'enlève tout ou si je perds tout, qui pourra m'enlever les textes inscrits en moi ?

Nous pouvons aussi soigner la dédicace d'un livre que nous offrons, cela lui donne une valeur toute autre. Penser à glisser une jolie enveloppe avec un petit mot pour personnaliser un cadeau change absolument tout ! Nous pouvons écrire un mail de remerciement, d'encouragement, une lettre-fleuve, une nouvelle, ou encore se retrouver à deux à midi pour se parler de vacances, de livres, de découvertes culturelles, demander des conseils, se raconter des secrets, des élans et, pour une parole plurielle, bruncher, pique-niquer en plein air ou « gueuletonner » entre amis ou en famille.

41 • Faire attention à ce qu'on dit, le verbe est créateur

- Je ne dis pas « je ne peux pas » mais « je ne veux pas ».
- Je ne dis pas « je devrais » mais « je pourrais ».
- Je ne dis pas « c'est un problème » mais » « c'est une chance ».
- Je ne dis pas « j'espère » mais « je sais ».
- Je ne dis pas « c'est affreux » mais « c'est une bonne leçon »…

42 • Crier à pleins poumons

Un exercice inhabituel et très libérateur : crier très fort. Se lâcher pour de vrai. Deux à trois secondes suffisent. Se vider, évacuer tout ce que l'on a sur le cœur. Avec ses mains, se caresser ensuite la gorge avec tendresse, très lentement. Avec douceur, consoler cette gorge qui a dit tant de mots qu'elle a ensuite regrettés, qui a tu tant de mots qu'elle aurait voulu dire.

43 • Se taire

- Petit exercice pratique. Le jeûne de la langue nous relie directement au cœur. S'offrir une heure par jour de silence quand on a le luxe de pouvoir le faire. À vos agendas pour cette semaine ! Sinon, on opte pour le silence ensemble !
- Se taire ensemble. Que c'est doux… À pratiquer sans modération (à ne pas confondre avec n'avoir plus rien à se dire !). Commencer par exemple

par 5 petites minutes de silence au petit déjeuner ou au dîner. Se rassembler, puis, depuis le centre, se rendre disponible. Ce peut devenir un rituel. Une façon aussi de se souvenir que nos bavardages ne sont pas si intéressants, ni pour moi, ni pour toi.

44 • Faire de la place au nouveau

La rédaction quotidienne des « pages du matin » est un acte de présence à soi, pour savoir où on en est. Une façon d'ouvrir les fenêtres en grand et d'aérer. L'exercice consiste à écrire à la main dès le réveil deux à trois pages d'écriture automatique. On écrit tout ce qui nous passe par la tête, sans se censurer, sans chercher non plus à être profond, poétique, littéraire... Simplement à faire un grand ménage mental et à se libérer de toutes les négativités présentes de manière à faire place à de nouvelles idées : il s'agit de préparer le moment de création. Place à la nouveauté ! Pour se libérer des scories de la nuit qui pourraient obscurcir son écriture, l'écrivain Marguerite Duras commençait ses journées ainsi. C'est une sorte de compost !

45 • Lire, lire, lire

Lire est une passion qui peut sauver la vie. Tant d'hommes et de femmes nous ont précédés sur le chemin. Ils ont cherché, échoué, se sont transformés, ils ont trouvé les mots que nous cherchons, et nous ont laissé leurs témoignages, leurs pensées, leur imaginaire. Pourquoi s'en priver ? À chacun de trouver ses auteurs, avec la sensibilité et l'approche qui lui parle. Il est tellement précieux de recueillir ce que des auteurs livrent de l'essence de leur parcours[1].

Certains d'entre nous avons dans nos bibliothèques des textes qu'on dirait vivants tant ils nous touchent. Pour les uns, ce sera de la poésie, pour d'autres un roman sur l'amitié, un journal spirituel, une correspondance… Cherchons un texte qui dilate notre cœur et lisons-le à voix haute, comme au théâtre. Tous les textes que nous aimons sont les bienvenus. Listons nos passages préférés, photocopions-les et constituons-nous un classeur que nous enrichirons au fur et à mesure. Très utile pour écrire un petit mot ajusté à quelqu'un qu'on aime. Ou à consulter les jours où nous avons l'impression d'avoir le cœur sec ! (Est-ce seulement une impression ?!)

46 • Lire sur le bonheur

Sur le bonheur, les livres offrent des enseignements précieux, non parce qu'ils apportent forcément des réponses, mais parce qu'ils aident à se poser les bonnes questions :

1. Voir Anne Ducrocq, *Une phrase peut tout changer*, Flammarion, 2019.

- Aristote est surnommé le « philosophe heureux ». Il tient le bonheur pour un présent divin. On peut notamment lire : *Éthique à Nicomaque.*
- *L'Art du bonheur. Sagesse et sérénité au quotidien,* le Dalaï-lama (J'ai Lu, 2000).
- *L'Apprentissage du bonheur. Principes, préceptes et rituels pour être heureux,* Tal Ben Shahar (Belfond, 2008).
- *Le Livre du bonheur,* Marcelle Auclair (Points Vivre, 2015).
- *Vivre. La psychologie du bonheur,* Mihaly Csikszentmihalyi (Pocket, 2006).
- *Merci ! Quand la gratitude change nos vies,* Robert Emmons (Pocket, 2010).
- *Et n'oublie pas d'être heureux. Abécédaire de psychologie positive,* Christophe André (Odile Jacob, 2014). Mais aussi : *Vivre heureux. Psychologie du bonheur* (Odile Jacob, 2004).
  Dans *De l'art du bonheur. Apprendre à être heureux* (L'Iconoclaste, 2011), le psychiatre interroge 25 tableaux, tous des facettes du bonheur.
- *Tout est en vous. Paroles d'Amma* (Points Vivre, 2015). Sa sentence : aimer et servir (l'autre, le divin).
- *Le Pouvoir du moment présent. Guide d'éveil spirituel,* Eckhart Tolle (J'ai Lu, 2010). Des leçons de vie par brassées !
- *L'Art d'être heureux, à travers 50 règles de vie,* Arthur Schopenhauer (Points Essais, 2019).

> « Où que vous soyez, soyez-y totalement. Si vous trouvez votre ici et maintenant intolérable et qu'il vous rend malheureux, trois possibilités s'offrent à vous : vous retirer de la situation, la changer ou l'accepter totalement. Si vous voulez assumer la responsabilité de votre vie, vous devez choisir l'une de ces trois options, et tout de suite. Puis acceptez les conséquences. Sans négativité. Sans pollution psychique. Gardez votre espace intérieur dégagé. »
>
> — Eckhart Tolle

- Les livres d'Alexandre Jollien d'une façon générale. Il cherche le bonheur comme nous et avec nous.
- Christian Bobin, qui célèbre les petits riens.
- *Plaidoyer pour le bonheur*, Matthieu Ricard (Pocket, 2004).
- *Petite philosophie du bonheur.* Bertrand Vergely (Milan, 2001).
- *Du bonheur. Un voyage philosophique*, Frédéric Lenoir (Fayard, 2013).
- Le *Sens du bonheur*, Krishnamurti (Points Sagesse, 2009).
- *L'homme qui voulait être heureux*, Laurent Gounelle (Anne Carrière, 2008).
- *Pensées pour moi-même*, Marc Aurèle (Larousse, 2014).

> « N'agis point comme si tu devais vivre des milliers d'années. L'inévitable est sur toi suspendu. Tant que tu vis, tant que cela t'est possible, deviens homme de bien. »
>
> — Marc Aurèle

47 • S'approcher des coulisses de l'art

S'approcher du beau. Vous aimez l'art et/ou la décoration et vous n'avez pas envie d'avoir chez vous de posters standardisés ou des tableaux de chez Habitat ?

Achetez l'œuvre d'un artiste mineur. L'art entre chez vous, et vous aidez un artiste à créer. Dans toutes les grandes villes il y a des ateliers d'artistes[1]. Aux Journées portes ouvertes, vous pouvez découvrir les coulisses de la création, en visant leurs ateliers, en rencontrant les artistes. Vous pourrez peut-être vous découvrir des affinités avec un peintre, un sculpteur, un photographe, un céramiste, un amoureux de la laque, de la broderie, des collages, une créatrice de

1. À Paris par exemple, l'association des ateliers d'artistes de Belleville proposent chaque année la visite des ateliers de 200 artistes. http://ateliers-artistes-belleville.fr/. Il existe aussi des Journées portes ouvertes des ateliers d'artistes du Père-Lachaise ou encore d'Anvers aux Abbesses. En réalité, chaque arrondissement a ses artistes et ses moments de rencontre privilégiés.

bijoux… Fréquentez le beau dans les musées, rencontrez les créateurs, achetez l'œuvre d'un artiste à un prix accessible, dans des enchères ou un atelier d'artiste…

48 • Cuisiner

Une salade de carottes des sables, de chou rouge ou de tomates à l'ancienne avec plein d'herbes fraîches, une vinaigrette d'avocat, une cuillerée de miel de thym sur un yaourt grec, une patate douce au cumin à la vapeur… Ah, les produits de la terre et les bonheurs de la bouche ! Liée au fonctionnement émotionnel, la cuisine est un vecteur de psychologie positive. Cuisiner, c'est de l'art, de la vie, de l'amitié, de la famille, de la fantaisie, c'est un cadeau à partager.

> « La gastronomie est l'art d'utiliser la nourriture pour créer le bonheur. »
>
> — Theodore Zeldin

Feuilleter un livre et se laisser aller à rêver, ouvrir le frigo et réfléchir à la façon de valoriser ce que l'on a, saliver déjà, un peu ou beaucoup, accepter les influences étrangères, simplifier des recettes de chefs, les détourner pour se les approprier, les rendre « maison ». Choisir ses légumes, composer une assiette de fromages, trancher une viande, évider un poisson, casser des œufs, empoigner des casseroles, allumer le four, veiller régulièrement à une cuisson juste, dresser l'assiette en prenant en compte l'harmonieux des couleurs, imaginer une belle table. Rien que des petits gestes de bonheur. Ce n'est d'ailleurs pas pour rien qu'en Chine, la cuisine a longtemps représenté « le ciel du peuple ».

> « Cuisiner, c'est une manière de se retrouver soi-même. Quand je rentre chez moi après une journée de travail, je ressens au plus profond de moi le besoin de me mettre aux fourneaux. C'est une manière de quitter le monde de la représentation pour me ressourcer intérieurement. Cela me remet dans la matérialité. Nous passons notre temps dans le virtuel, devant des écrans d'ordinateur ou de télévision ; cela fait du bien de toucher des aliments, des légumes frais qui sont autant de morceaux de vie. Il faut réhabiliter le contact sensoriel, mais aussi la vraie temporalité. Dans la cuisine, le maître absolu, c'est le temps. Vous ne pouvez pas négocier avec lui. Un œuf à la coque, c'est entre trois et quatre minutes. Si c'est plus, ce n'est plus un œuf à la coque ! », estime Perla Servan-Schreiber, auteure du *Bonheur de cuisiner*[1].

1. Perla Servan-Schreiber, *Le Bonheur de cuisiner. 170 recettes pour le partager*, La Martinière, 2010.

Puissions-nous être de ceux qui mettent du sel dans leur vie et celle des autres, le sel, ce rehausseur de goût…

Roland Barthes considérait que la cuisine était même un système de communication ! C'est en tout cas un mode d'expression, un moment de ressource et un lien avec les autres. Même les enfants s'y mettent ! Goût du beau, goût du bon, du simple… Oui, il y a même des astuces beauté pour la présentation ! Art éphémère, la cuisine est aussi un espace de convivialité, de créativité, de réconfort, et même de spiritualité (ceux qui n'ont pas vu le sublime *Festin de Babette*, film danois de Gabriel Axel, avec Stéphane Audran, doivent y courir sans plus attendre ! Inoubliable).

49 • Identifier ses satisfactions au quotidien

Comment est-ce que je m'y prends pour être heureux dans ma semaine ? Est-ce que je ne pourrais pas mieux faire ? Prenons un papier et un crayon, et remplissons chaque jour le temps que nous passons à chaque activité et la satisfaction que nous en retirons. C'est très instructif et cela donne des pistes très concrètes.

Activité	Temps passé	Plaisir et sens procuré (note sur 5)	Aimeriez-vous passer plus (ou moins) de temps à cette activité ?
Travail	ex. 8 heures	4	Moins
Transports	ex. 90 minutes	2	Beaucoup moins
Repas			
Internet (hors travail)			
Télévision			
Devoirs avec les enfants			
Jeux/Échanges avec les enfants			
Lecture			
Téléphone			

Activité	Temps passé	Plaisir et sens procuré (note sur 5)	Aimeriez-vous passer plus (ou moins) de temps à cette activité ?
Piscine/yoga/piano/danse			
Temps en couple			
Temps de solitude			

On peut faire le même tableau pour le week-end. On risque d'avoir des surprises car le « faire » y est aussi très (trop) présent.

Ces tableaux permettent d'ajuster les activités de notre vie pour qu'elles nous ressemblent davantage. Si on veut s'épanouir, il faut s'en donner les moyens.

À MÉDITER...

« Mais savez-vous quel âge j'aurai quand je saurai vraiment jouer du piano/peindre/écrire une pièce de théâtre décente ?

– Oui, vous aurez le même âge que si vous ne le faites pas. Donc commencez[1]. »

Julia CAMERON

---

1. Julia Cameron, *Libérez votre créativité. La bible des artistes*, J'ai lu, 2007. Une des bibles sur le sujet.

Chapitre 3

Le bonheur, ça s'incarne

« Un corps, cinq sens, des besoins, des envies, des opportunités et une infinité de possibles. Le bonheur ne vient pas de notre tête, il est un fruit de notre cœur et de nos tripes. »

50 • S'offrir un temps de silence

Une façon simple de s'exercer au silence est de partir se promener dans la nature et d'être attentif à sa respiration, à son corps, à ses cinq sens. Être simplement là, dans la perception. La vie se met à parler, la terre, le soleil, l'air, les arbres, tout vibre. Et vous aussi… C'est une méditation par le sentir, de l'extérieur vers l'intérieur, de notre surface vers la profondeur. Laisser le lieu entrer en soi, oublier les détails de sa vie, prendre le temps de ressentir sa place dans la nature. Nous sommes faits des mêmes éléments que ce qui est autour de nous, nous faisons partie d'un grand tout, d'un grand cycle. On ne peut sentir et penser en même temps. Faisons-en l'expérience, si nous nous concentrons vraiment sur le vent sur notre peau pendant notre promenade, nous ne pouvons pas penser. En revanche, c'est l'heure d'éprouver la « sensation du divin » dont parle Paul Claudel.

Si on perçoit des pensées tout en se promenant, ce n'est pas grave, on revient paisiblement à la perception. Il ne s'agit pas de se concentrer ou de se vider la tête… mais d'être présent à soi-même ici et maintenant, de ressentir son lien avec la nature et les pulsations de vie en nous et autour de nous. Présent à mon corps, à ma respiration, j'entre ainsi dans le silence intérieur, le silence du cœur, et je me dispose à me laisser rencontrer. Si je cherche à me concentrer, je fais un effort de volonté, un effort de maîtrise, et cela m'éloigne de l'état de disposition intérieure que je cherche. Il s'agit simplement de se rendre présent, dans la profondeur de la perception, gratuitement, sans rien vouloir, ni chercher. Il n'y a rien à rater ni à réussir. Simplement être là, présent et accueillir un bonheur venu du silence, et qui prend notre peau.

51 • Choisir un arbre ami

Enlacer un arbre est une forme de méditation. C'est devenu à la mode, mais enfant, qui ne l'a pas fait spontanément ? Contemplation et connexion permettent de reprendre contact avec la terre mère et profiter de ses énergies de vie. Certains entourent le tronc de l'arbre et s'abandonnent dans ses bras, d'autres le caressent ou se mettent dos à dos contre lui. Une étreinte pour recharger ses batteries à la puissance de l'arbre, rééquilibrer ses énergies et se recentrer. Nous pouvons nous choisir un arbre ami, que l'on apprendra à connaître. S'adosser à sa force, à sa sève, à son ancrage, souterrain, terrestre et céleste. En cas de coup dur, il sera là, puissant et consolant, vivant et fidèle.

52 • Étreindre l'immensité de mère nature

- Contempler les étoiles.
- S'asseoir à l'ombre d'un arbre.
- Se réchauffer au soleil sur un banc, un jardin, une terrasse, même et surtout au soleil d'hiver.
- Ramasser des escargots, des champignons, de l'ail aux ours, des framboises.
- Sentir l'odeur de la forêt.
- Écouter le chant des oiseaux le matin, juste avant le lever du jour. Les oiseaux sont des lève-tôt et dans le grand calme, les sons portent loin. Au printemps, saison des amours, les concerts battent leur plein. Leurs joies explosent.
- Mettre ses pieds dans la rivière, le lac de montagne…
- Regarder le ciel et les lumières qui changent.

- Offrir et s'offrir des pots de primevères de toutes les couleurs, par exemple, ou, en hiver, des pots de bruyère blanc et lilas.

53 • Pratiquer le sourire des yeux

On ne le dira jamais assez, il est urgent de revenir sur terre habiter le monde tel qu'il est et le trouver ouvert et bon. Dès le matin, laisser sourire les yeux, sourire au jour qui est donné, au jour à vivre.

C'est l'heure de sourire, un exercice puissant que Rachel Goettmann, spécialiste de la méditation, enseignait dans ses séances de sagesse du corps. Les yeux sont reliés au système nerveux autonome, qui contrôle le fonctionnement des organes et des glandes. Ils sont les premiers à recevoir les signes d'émotion, ils déclenchent l'accélération du fonctionnement des organes et des glandes en cas de stress ou de danger (réaction de combat ou de fuite), puis leur ralentissement quand la crise est passée. Par conséquent, en exerçant simplement le sourire des yeux, on peut relaxer tout le corps. Il y a une énergie fantastique dans le sourire des yeux, qui sort de la racine du nez, qui détend le cerveau, la mémoire, mais aussi tout le visage. Par cette simple détente, on calme déjà tout le système nerveux.

Laissez sourire les yeux. Un sourire radieux, magnifique, qui vient de loin.

Ce sourire doit s'effectuer sans effort. Il s'agit de l'inviter intérieurement, de le laisser venir et rayonner. Lorsque vous sentez qu'il est là, laissez-le se déverser en pluie dorée depuis vos yeux, et faites-le descendre, lentement, dans tout votre corps à la fois, il ranime chacune des cellules de votre corps.

54 • S'ancrer en terre, s'ancrer en ciel

Sentir le ciel au sommet de sa tête, la terre sous les pieds. Prendre conscience que nous sommes ancrés en terre, reliés au centre de la terre, et ancrés en ciel, reliés au ciel par un fil d'or. Respirer naturellement pendant un moment puis ressentir physiquement, profondément, cette double constitution de l'homme pendant quelques minutes. Ancré en terre, ancré en ciel.

55 • Jeûner : se retirer, faire de la place

Nous avons tendance à limiter la notion de jeûne au jeûne alimentaire. Or, nous pouvons temporairement jeûner de tous les sens ! Cela permet d'en retrouver le goût.

- Jeûner de l'ouïe en se privant volontairement et temporairement de son émission matinale ou d'une télévision allumée sans personne devant.
- Jeûner de l'odorat en se privant de mettre son parfum personnel.

- Jeûner du goût des discussions oiseuses avec des amis ou collègues.
- Jeûner de journal télévisé ou de presse de divertissement pour les yeux.
- Jeûner d'étreintes.

D'autres se concentreront sur la table en mangeant uniquement du végétal et du poisson, ou encore en s'abstenant d'alcool pendant une journée, une semaine. J'ai pour ma part l'habitude de jeûner de temps en temps de magazines, de me sevrer pendant quelque temps de mon bouquet de fleurs hebdomadaire ou encore d'achats compulsifs sur Internet. Mais je ne me prive jamais de tout en même temps. Je préfère semer de petites graines plutôt que d'avoir les yeux plus gros que le ventre.

Le visuel a envahi notre quotidien. Une véritable discipline des yeux est importante : parmi toutes les images que nous recevons, nous pouvons décider de rester libres de celles que nous conservons. Et apprendre à ne pas même regarder celles qui s'avèrent nocives… ou tout simplement futiles. La tradition parle du jeûne des yeux, qui ont en effet tendance à trop se nourrir, voire à se gaver de n'importe quoi. Pour en prendre conscience, listez des images nocives ou inutiles (télé, magazine, Internet, lectures stupides…) auxquelles nous sommes régulièrement confrontés (et consentants !). Et auxquelles nous pourrions renoncer (au moins !) de temps à autre.

Pour leur part, les « accro » à la musique, à la télévision à plein volume ou celles et ceux qui écoutent trop volontiers les médisances et les rumeurs pourront aussi jeûner des oreilles. D'autres ont une sensualité débridée, compulsive et obsessionnelle... Chacun de nos sens a son bruitage qui interfère avec le divin. À nous d'identifier le ou les sens dont nous avons un bon usage et ceux dont nous faisons un usage excessif ou détourné.

Cette façon de se déshabituer de ce que l'on fait machinalement est très féconde, car elle fait prendre conscience que l'on vit bien souvent en pilotage automatique. Nous pouvons jeûner d'une journée de musique et offrir ce geste intérieurement à quelqu'un. Comme un comédien peut décider de jouer un soir une pièce de théâtre en l'offrant intérieurement à une personne. Nous entrons alors dans l'espace du don invisible et nous pouvons porter des fruits invisibles extraordinaires. Mais ceci est peut-être un autre sujet...

56 • Regarder sa journée dans les yeux

Se regarder en face, avec honnêteté, garantit que l'on est en route sur un chemin solide et non sur celui des apparences. L'incarnation n'est pas la voie royale pour les rêveurs ou les illusionnistes. Le vrai bonheur ne peut être vécu que par quelqu'un d'authentique. Regarder sa journée chaque soir dans les yeux est une pratique d'une profondeur insoupçonnée.

Avant de se coucher, il est peut-être l'heure d'ouvrir un journal d'éveil et de regarder sa journée dans les yeux. Les traditions le tiennent pour l'un des plus grands exercices spirituels. Nous pouvons aussi le pratiquer mentalement dans notre lit, mais la solennité qui sied à cette pratique ne sera pas la même.

Ce moment de lucidité vis-à-vis de soi-même permet de juger de son état moral. Quatre siècles avant Jésus-Christ, Pythagore pratiquait déjà l'examen de conscience : « Ne permets pas, dit-il, que le doux sommeil se glisse sous les yeux avant d'avoir examiné les actions de ta journée : Qu'ai-je fait ? Qu'ai-je omis de ce qu'il fallait faire ?[1] » Cette pratique était aussi très répandue chez les stoïciens. Ainsi, Sénèque écrit : « Est-il rien de plus beau que cette coutume de scruter toute une journée. Quel sommeil suit cet examen de soi-même, qu'il est tranquille, profond et libre, quand l'esprit a été loué ou averti, quand il s'est fait le censeur secret de ses propres mœurs. J'examine toute ma journée et je mesure mes faits et dits ; je ne me passe rien, je ne me cache rien[2]. »

1. Pythagore, *Les Vers d'or*.
2. Sénèque, *De la colère*.

Examiner son âme heure par heure, jour après jour, il n'y a rien de tel pour connaître les limites de son être et faire des progrès en humilité ! Semaine après semaine, on prend conscience des problèmes récurrents que l'on affronte, on cherche sa part de responsabilité, on voit ses émotions prendre trop souvent le pouvoir, on prend de la hauteur. Nous ne savons comment nous y prendre ? Une seule direction suffit : en quoi n'ai-je pas aimé aujourd'hui ? Où aurais-je pu mieux aimer aujourd'hui ?

57 • Pratiquer les trois bénédictions

Chaque nuit, avant de s'endormir, penser à trois expériences positives vécues dans la journée (ou trois choses merveilleuses que nous avons constatées). Cela peut être quelque chose d'aussi anodin que le sourire d'une vieille dame à la pharmacie, la parole encourageante d'une collègue ou un superbe halo ce soir sur la lune. Peu importe. Faire l'effort de se remémorer ces instants permet de sentir la joie qu'ils nous ont procurés (alors que l'on peut très bien être passé à côté au moment où ils ont eu lieu) et de tourner son esprit vers le côté généreux de la vie. À faire tous les soirs pendant une semaine, et vérifier s'il y a un changement. C'est un exercice qui porte des fruits.

Chapitre 4

Vivre dans son temps

« Notre relation au temps est tellement importante. Ce n'est pas le temps qui passe, c'est nous qui passons dans le temps… »

58 • Retour à mon frigo de sagesse. Prendre le temps de vivre

Sur mon frigo régulièrement : « Savoir attendre. »

Il y a même mieux : « Ne *rien* attendre. »

La phrase du moment est : « Je ne veux plus aller vite. »

59 • Faire trois vœux

- Être À l'heure.
- Ne pas remettre les choses au lendemain.
- Prendre le temps.

À MÉDITER...
Ne fais rien à moitié

« Ne fréquente pas ceux qui sont à moitié amoureux,

Ne sois pas l'ami de ceux qui sont à moitié des amis...

Ne lis pas ceux qui sont à moitié inspirés.

Ne vis pas la vie à moitié

Ne meurs pas à moitié

Ne choisis pas une moitié de solution

Ne t'arrête pas au milieu de la vérité

Ne rêve pas à moitié

Ne t'attache pas à la moitié d'un espoir

Si tu te tais, garde le silence jusqu'à la fin, et si tu t'exprimes, exprime-toi jusqu'au bout aussi. (...) »

Khalil GIBRAN, *Vivre à moitié*

60 • Trouver ses propres règles de vie

Dans ses carnets, le philosophe Arthur Schopenhauer présente 50 règles de vie susceptibles de rendre la vie moins pénible. Car le philosophe pessimiste ne croit pas du tout au bonheur absolu. Il résume d'une phrase sa mission : « La vie est un dur problème, j'ai résolu de consacrer la mienne à y réfléchir. » À défaut de bonheur, le sage entend gérer sa vie au mieux, en évitant les souffrances inutiles que l'on inflige à soi-même et aux autres. À partir de là, dans *L'Art d'être heureux*, il énonce quelques règles de vie destinées à surmonter le malheur :

- **Règle de vie n° 2 :** « Tu ne seras jamais heureux tant que tu seras torturé par un plus heureux. »
- **Règle de vie n° 3 :** « De même que les poissons ne sont bien que dans l'eau, l'oiseau seulement dans l'air, la taupe uniquement sous terre, ainsi chaque homme ne se sent bien que dans l'atmosphère appropriée pour lui. »
- **Règle de vie n° 6 :** « Faire de bon cœur ce qu'on peut, et souffrir de bon cœur ce qu'on doit. »
- **Règle de vie n° 8 :** « Limiter le cercle de ses relations : on offre ainsi moins de prise au malheur » car « la limitation rend heureux. »
- **Règle de vie n° 48 :** « Le bonheur appartient à ceux qui se suffisent à eux-mêmes. »

Il a une façon personnelle et universelle d'envisager le bonheur.

Je vous ai partagé les trois grandes leçons que la vie m'a apprises sur le bonheur : il est une direction, une décision et pas une obligation. Et vous ? Quelles sont les vôtres ?

Je m'arrête à 60 exercices, j'aurais pu en mettre davantage, peut-être aurais-je aussi pu focaliser sur moins. Cela est tellement subjectif…
J'ai oublié des pratiques qui semblent tellement évidentes ? Envoyez-les-moi à : **lebonheurcasepratique@gmail.com**

108[1] IMPULSIONS SPIRITUELLES POUR ÉCLAIRER LES JOURS

Une phrase que l'on mâche toute une journée produit des effets insoupçonnables. Se donner un objectif par jour suffit, la dispersion nuit au bonheur ! Une boîte à bonheurs à compléter… Nous pouvons noter ces phrases sur un papier et en tirer une chaque jour.

1. Aujourd'hui, je bénis tous ceux que je vais croiser, directement ou indirectement.
2. Aujourd'hui, toutes les trois heures, je m'arrête une minute. C'est un temps de rappel à soi.
3. Aujourd'hui, je m'agenouille dans son cœur chaque fois que je vais croiser la pauvreté, la beauté, l'amour.

1. Autant que le nombre des perles des chapelets en Orient, 108 est un nombre sacré dans plusieurs religions orientales. Il représente la réalité ultime de l'univers.

4. Que ta volonté soit faite aujourd'hui.
5. Aujourd'hui, je chante.
6. Ancré en terre, ancré en ciel, c'est la double constitution de l'homme. Aujourd'hui, je suis bien solide.
7. Aujourd'hui, je suis fidèle à mes valeurs.
8. Aujourd'hui, je m'aime avant d'aimer les autres, pour pouvoir aimer les autres.
9. Mieux vaut allumer une bougie que de maudire les ténèbres.
10. Aujourd'hui, je me plains moins.
11. Aujourd'hui je cherche une qualité à tous ceux qui me contrarient.
12. Aujourd'hui je suis l'ange gardien d'un membre de ma famille.
13. Ce que vous faites au plus petit d'entre les miens, c'est à moi que vous le faites.
14. Le plus petit n'est pas toujours celui que l'on croit.
15. Maître mot de la journée : s'émerveiller de tout. La vie n'est pas une quantité de vie mais une qualité. S'émerveiller, c'est revenir sur terre habiter le monde tel qu'il est et le trouver ouvert et bon.
16. Laissez venir à moi les petits enfants. Accueillir l'innocent.
17. Aujourd'hui, je n'aide personne, je me libère plutôt de cette envie d'aider qui flatte mon ego.

18. Aujourd'hui, je suis à ma place. Pas à celle d'un autre.
19. Aujourd'hui, j'inspire la vie.
20. Visible et invisible se rejoignent. Mes morts et moi vivons ensemble
21. Aujourd'hui, je cherche un ami spirituel et je regarde ma journée avec ses yeux.
22. Aujourd'hui, je suis dans la louange.
23. Aujourd'hui, je fais de mon mieux.
24. Mes opinions ne sont pas les meilleures, ce sont juste mes opinions.
25. Aujourd'hui, je me fais confiance.
26. Aujourd'hui, je me sens appartenir à l'humanité, je ne suis pas un individu isolé, personnel.
27. Aujourd'hui, je suis tout ouïe, je devins tout écoute.
28. Aujourd'hui, je me laisse toucher par la vie et le monde, je laisse tomber mes frontières/barrières.
29. Aujourd'hui, l'autre n'est pas un étranger, c'est mon frère en humanité.
30. Aujourd'hui, je traque ce qui est beau au milieu du reste. Je ne vois plus que le beau.
31. Aujourd'hui, je traque la bonté de la vie et des hommes.
32. Aujourd'hui, je suis sobre.
33. Aujourd'hui, je me prends en flagrant délit chaque fois que je me compare à quelqu'un.

34. Aujourd'hui, je n'ai rien à prouver.
35. J'oublie tous mes complexes d'infériorité pour la journée.
36. J'oublie tous mes complexes de supériorité pour la journée.
37. J'admets ce qui change.
38. Aujourd'hui, je suis honnête avec les dons que j'ai reçus. J'en choisis un à arroser toute la journée.
39. Aujourd'hui, je passe plus de temps que d'habitude avec quelqu'un que j'aime.
40. Aujourd'hui, je fais quelque chose que je diffère depuis trop longtemps.
41. Aujourd'hui, je me concentre toute la journée sur ce que ceux que je croise ont de beau, de bon, de vrai.
42. Aujourd'hui, je donne de l'attention à mon corps.
43. Aujourd'hui, je prends une décision qui simplifie une petite chose dans ma vie.
44. Aujourd'hui, je prends une contrariété pour une opportunité.
45. Aujourd'hui, je me trouve de bonne compagnie et je passe une bonne journée avec moi-même.
46. Aujourd'hui, j'écrase mes pensées négatives comme des insectes.
47. Aujourd'hui, j'ai le droit d'échouer.

48. Aujourd'hui, j'accepte la critique (avec le plus de grâce possible !).
49. Aujourd'hui, je ne veux pas avoir raison.
50. Aujourd'hui, j'écris une carte postale à quelqu'un que j'aime.
51. Aujourd'hui, je ne recherche pas l'approbation.
52. Aujourd'hui, je sais ce que je veux.
53. Aujourd'hui, je m'entraîne à ne pas réagir de façon personnelle.
54. Aujourd'hui, je ne m'agrippe à rien, je lâche prise, je ne veux rien.

> « Il est une façon de vouloir crispée, rageuse, qui nous ligote au lieu de nous laisser les mains libres pour recevoir. Il ne s'agit pas de serrer les dents, de piaffer, il s'agit de se détendre[1]. »
>
> — Marcelle Auclair

55. Aujourd'hui, je me prends en flagrant délit à chaque fois que je suis dans l'interprétation.
56. Aujourd'hui, je ne m'intéresse pas aux informations négatives du monde.
57. Maître mot de la journée : aujourd'hui je m'émerveille de tout.

1. Marcelle Auclair, *op. cit.*

58. Aujourd'hui, je ne parle en mal de personne.
59. Aujourd'hui, pendant 24 heures, à tout je dis oui. Oui à la météo quelle qu'elle soit (trop chaud, trop froid, trop pluvieux...), au réveil, aux sourires que vous allez croiser, aux mines renfrognées ; oui aux petites piques, aux confidences qui s'éternisent, aux retards, aux coups de fil qui tombent mal... Dire oui à tout pendant 24 heures est un véritable exercice spirituel dont la prescription est renouvelable à volonté ! Le bonheur est au bout de ce oui inconditionnel à ce que la vie propose de vivre.
60. Aujourd'hui, je prends conscience que je ne serais pas mieux ailleurs.
61. Aujourd'hui, j'insiste devant une difficulté.
62. Aujourd'hui, j'ose dire non.
63. Aujourd'hui, j'aime ce que j'ai.
64. Je note tous les miracles que je croise dans ma journée.
65. Aujourd'hui, j'essaie d'entrer en amitié avec un moment de solitude ou avec le silence.
66. Aujourd'hui, je cesse de voir le monde comme hostile, je m'adapte.
67. Aujourd'hui, je tolère les imperfections (des autres et les miennes).
68. Aujourd'hui, j'aime qui je suis.
69. Aujourd'hui, je suis bon avec une personne.

70. Aujourd'hui, je cueille tous les bonheurs que je vois.
71. Aujourd'hui, je suis à l'heure pour tout.
72. Aujourd'hui, je suis attentif et attentionné avec quelqu'un pour lequel je n'ai pas particulièrement d'affinités.
73. Aujourd'hui, j'ose être différent de ce qu'on attend de moi.
74. Aujourd'hui, je fais de la place pour l'originalité.
75. Aujourd'hui est le premier jour du reste de ma vie.
76. Aujourd'hui, je suis reconnaissant pour tout ce que la vie va m'envoyer.
77. Aujourd'hui, rien ne m'est dû, je prends tout comme un don.
78. Aujourd'hui, je cherche une qualité à tous ceux que je croise.
79. Aujourd'hui, j'abaisse une de mes limites.
80. Aujourd'hui, je choisis des pensées qui me réconcilient avec moi, je ne me juge pas.
81. Aujourd'hui, la vérité que je cherche est déjà en moi.
82. Aujourd'hui, je suis souriant.
83. Aujourd'hui, j'ai besoin de très peu de choses pour être heureux.
84. Aujourd'hui, je vis avec cinq sens bien ouverts.

85. Aujourd'hui, je danse avec la vie, je me laisse porter, je suis léger, abandonné.
86. Aujourd'hui, je m'appuie contre un arbre et je fais corps avec lui.
87. Aujourd'hui, je fais trois compliments sincères.
88. Aujourd'hui, je me fais trois compliments sincères.
89. Aujourd'hui, je me désencombre d'une chose inutile.
90. Aujourd'hui, je vois le divin, même dans une chose qui me dérange.
91. Aujourd'hui, j'accorde un moment de douceur à mon corps.
92. Aujourd'hui, j'ose une liberté nouvelle.
93. Aujourd'hui, je bénis intérieurement une personne qui m'a énervé.
94. Aujourd'hui, je passe du temps seul dans le silence.
95. Aujourd'hui, j'entre dans un lieu sacré.
96. Aujourd'hui, je cherche une leçon cachée derrière une contrariété.
97. Aujourd'hui, je bénis le divin présent dans la beauté.
98. Aujourd'hui, je bénis l'invisible présent dans le visible.
99. Aujourd'hui, j'aime plus.
100. Aujourd'hui, j'aime mieux.

101. Aujourd'hui, je cherche un beau texte spirituel (dans ma bibliothèque, sur Internet…).
102. Aujourd'hui, je suis une belle personne.
103. Aujourd'hui, je regarde l'autre comme un paysage.
104. Aujourd'hui, je suis reconnaissant de ma journée.
105. Aujourd'hui, j'offre ma journée au divin.
106. Aujourd'hui, je prends une contrariété pour un cadeau.
107. Aujourd'hui, je suis indulgent avec moi-même.
108. Aujourd'hui, je me considère comme un être de passage à qui rien n'est dû.

Mais aussi, car je n'arrive encore pas à m'arrêter et que chercher à s'épurer est sans fin :

- Aujourd'hui, je ne me rabaisse pas.
- Aujourd'hui, je ne serai pas tiède.
- Aujourd'hui, j'ai le droit de rater.
- Aujourd'hui, j'insiste devant une difficulté.

Ne pas hésiter à prolonger la liste ou à la modifier pour qu'elle vous ressemble. Avoir une vie qui nous ressemble élargit le cœur. Quand on a trouvé son centre, on n'attend plus de l'autre ce qu'il ne peut donner, ce qu'il n'a pas à donner.

Conclusion

Comme le dit le philosophe Bertrand Vergely, les gens heureux savent voir la vie comme une occasion, ils savent même créer une occasion car ils savent laisser parler l'être qui est en eux. Pour eux, tout parle. On peut mettre de la profondeur, de la densité, dans tout.

Le bonheur, c'est de cesser de croire tout ce qu'on nous raconte, c'est avoir une opinion personnelle sur notre vie. On n'entrera pas toujours pas la grande porte, on se faufilera parfois par la porte de service, mais qu'importe. Tirer la vie vers le haut, la vivre par le haut, et laisser ce qui est lourd et grossier tomber au fond, comme le galet jeté coule dans la rivière. Tirer sa vie vers le haut ? On peut extraire de l'amour de tout, et si on met de l'amour, on trouve son être tout entier. Être entier, enfin, je vois cela comme la vocation de l'homme.

Mon ancien beau-père était en surpoids très important. Les médecins l'avaient mis au régime. Le soir, sa femme appliquait le protocole de façon stricte. (Dieu, que c'était triste !) Heureusement, à midi, elle était au bureau, et quand nous étions libres, mon amoureux et moi, nous mangions avec lui. Des gueuletons, accompagnés des bons beaujolais qu'il mettait lui-même en bouteille. (Dieu, que c'était bien !) Il préférait vivre moins longtemps mais ne pas se priver de la bonne chère, qui était l'un des grands plaisirs de sa vie. Il est mort plus tard, d'un cancer du cerveau foudroyant.

Combien prennent ce parti : « Peu m'importe de mourir dans trois ans, je veux jouir de ma vie. Au diable les conséquences ! » Comme s'il y avait dans tout cela l'idée d'une bonne vie et d'une mauvaise vie. Ceux qui disent : « Mon bonheur, c'est ma liberté », peut-on les critiquer ? Pourquoi juger les modes de bonheur ? Les jeunes aiment les transgressions. Ils testent les limites, par des nuits blanches, en buvant trop, en multipliant les partenaires, en désobéissant… Un jour, le corps nous rappelle qu'il a une limite. La transgression n'a plus le même goût, le même intérêt. Non, les ressources de notre corps ne sont pas illimitées, c'est notre esprit qui l'est (par esprit, on peut entendre le souffle divin, mais aussi l'imagination si l'on préfère).

Quand on s'approche de cette réalité – l'illimité est en moi –, quand on veut bien coïncider avec elle, commence une exploration qui n'a pas de fin. L'enivrement que l'on attendait du corps, on peut le trouver dans l'esprit. On entre dans une aventure magnifique. Tout un monde s'ouvre, déjà exploré par les mystiques, les poètes, les médiums, les écrivains… On va au-delà d'un petit bonheur strictement personnel, on dépasse sa propre histoire. Quand on découvre l'esprit illimité, on rejoint le collectif et la grande histoire. On touche à des lois universelles.

« L'aventure dure une vie entière, peut-être plus encore. Elle s'appelle sagesse. C'est un bonheur d'une autre saveur. Plus simple et à la fois plus raffiné, plus ordinaire et à la fois plus solaire. Vivre qui je suis. »

Table

DEUXIÈME PARTIE

LE BUT, C'EST LE CHEMIN

TROISIÈME PARTIE

INVITER LE BONHEUR PAR DES EXERCICES

DU MÊME AUTEUR

Le Courage de changer sa vie
Le Relié, 2003
et Albin Michel, « Espaces libres », n° 138

Béthanie ou L'art de guérir
Presses de la Renaissance, 2006

La Société vue par les religions
Librio, 2008

Guide des retraites spirituelles
Librio, 2008

Changer le monde en se transformant
Le Relié, 2009

Guide spirituel des lieux de retraite
dans toutes les traditions
Albin Michel, 2009
Edition mise à jour
« Points Vivre », n° P4123

L'Art de faire la paix au quotidien
Marabout, 2010, 2015 et 2020

La Bibliothèque idéale des amoureux
Librio, 2011

Petite Anthologie spirituelle pour réenchanter le quotidien
Albin Michel, 2011

La Méditation
First Editions, 2011

Parle-moi de toi
Marabout, 2011

Zen ou pas zen ?
Marabout, 2011

Petite Anthologie spirituelle
pour traverser les épreuves de la vie
Albin Michel, 2012

La Méditation des paresseuses
Marabout, 2013

L'Esprit des monastères
Silence et présence
(avec Olivier Martel)
Gründ, 2014

Sois comme un roi dans ton cœur
Entretiens avec Jacqueline Kelen
Labor et Fides, 2015

Diététique gourmande
Les thermes marins de Saint-Malo
en collaboration
La Martinière, 2016

Méditations sur la vie
(avec Christophe André)
Gründ, 2016
et « Points », n° 4670

Petit Cahier d'exercices pour accueillir le divin en soi
(illustrations de Jean Augagneur)
Jouvence, 2016

Prière et Méditation
Rien de moins que l'infini
Éditions François Bourin, 2017

Les Jardins spirituels
Gründ / Presse de la Renaissance, 2018

Journal de gratitude
Le bonheur est un état d'esprit
« Points Vivre », 2018

Faire des pauses pour se retrouver :
5 minutes, 1 heure ou 1 semaine...
S'arrêter pour se ressourcer et être plus présent
à soi et aux autres
Leduc.s éditions, 2018
et « Points Vivre », n° 4979

Une phrase peut tout changer :
petite anthologie pour réenchanter le quotidien
Flammarion, 2019

Nos saisons : une métamorphose intérieure
La Martinière, 2021

Pauses spirituelles :
100 lieux originaux en France pour se ressourcer
Gründ, 2021

RÉALISATION : NORD COMPO À VILLENEUVE-D'ASCQ
IMPRESSION : CPI FRANCE
DÉPÔT LÉGAL : AVRIL 2022. N° 148382 (3046757)
IMPRIMÉ EN FRANCE

Éditions Points

Collection Points Vivre

P1281. L'Évangile selon saint Loubard, *Guy Gilbert*
P1855. Restez zen. La méthode du chat, *Henri Brunel*
P3378. Faire la paix avec soi. 365 méditations quotidiennes *Etty Hillesum*
P3379. L'amour sauvera le monde, *Michael Lonsdale*
P3380. Le Jardinier de Tibhirine *Jean-Marie Lassausse, avec Christophe Henning*
P3381. Petite philosophie des mandalas. Méditation sur la beauté du monde, *Fabrice Midal*
P3382. Le bonheur est en vous, *Marcelle Auclair*
P3383. Divine Blessure. Faut-il guérir de tout ? *Jacqueline Kelen*
P4033. Jésus, un regard d'amour, *Guy Gilbert*
P4034. Anna et Mister God, *Fynn*
P4035. Le Point de rupture, *Marie Lise Labonté*
P4082. Devance tous les adieux, *Ivy Edelstein*
P4083. Contre vents et marées, *Denis Ledogar*
P4084. Cœur pur. Journal zen et lettres de Maura « Soshin » O'Halloran *Maura O'Halloran*
P4121. Une journée, une vie. Fragments de sagesse dans un monde fou, *Marc de Smedt*
P4122. Tout ce qui compte en cet instant. Journal de mon jardin zen, *Joshin Luce Bachoux*
P4123. Guide spirituel des lieux de retraite dans toutes les traditions, *Anne Ducrocq*
P4149. L'Évangélisation des profondeurs. Un chemin vers l'unité intérieure, *Simone Pacot*
P4150. Apprivoiser son ombre. Le côté mal aimé de soi *Jean Monbourquette*
P4151. La Pratique du bonheur, *Marcelle Auclair*
P4182. Tout est en vous. Paroles d'Amma *Mata Amritanandamayi*
P4183. Quatre actes de présence. Vivre ici et maintenant *Sylvie Germain*
P4267. Il fait Dieu, *Didier Decoin*
P4268. De la mélancolie, *Romano Guardini*
P4291. Éloge du désir, *Blanche de Richemont*
P4292. Toi et moi, j'y crois, *Philippe Pozzo di Borgo*

P4293. Les Sept Dernières Paroles du Christ
Timothy Radcliffe
P4294. Plus de peurs que de mal, *André Charbonnier*
P4360. Amour, invincible amour, *Jacqueline Kelen*
P4361. Laisse Dieu être Dieu en toi. Petit traité de la liberté intérieure, *Jean-Marie Gueullette*
P4397. Reviens à la vie ! Cinq repères essentiels pour avancer
Simone Pacot
P4398. Aime à tout casser !, *Guy Gilbert*
P4399. Le Bonheur plus fort que l'oubli. Comment bien vivre avec Alzheimer, *Colette Roumanoff*
P4442. Rien de ce qui est inhumain ne m'est étranger.
Éloge du combat spirituel, *Martin Steffens*
P4443. Avec Dieu au Goulag. Témoignage d'un jésuite interné vingt-trois ans en Sibérie, *Walter J. Ciszek, avec Daniel Flaherty*
P4444. Petites chroniques de la vie comme elle va
Étienne Gruillot
P4474. Le Courage d'avoir peur, *Marie-Dominique Molinié*
P4475. La Souffrance désarmée, *Véronique Dufief*
P4535. Le Silence de Dieu. Face aux malheurs du monde
Bertrand Vergely
P4536. Le Souffle du Maître, *Blanche de Richemont*
P4537. Je crois en l'homme parce que je crois en Dieu
Robert Hossein, avec François Vayne
P4589. Balade avec Épicure. Voyage au cœur du bonheur authentique, *Daniel Klein*
P4590. Vivre ses désirs, vite !, *Sophie Cadalen et Bernadette Costa-Prades*
P4591. Tisser le lien. Méditations, *Yvan Amar*
P4636. Le Goût de vieillir, *Ghislaine de Sury*
P4637. L'Enfant neuf, *Colette Nys-Mazure*
P4638. Addict. Récit d'une renaissance, *Marie de Noailles, avec Émilie Lanez*
P4670. Méditations sur la vie
Christophe André et Anne Ducrocq
P4671. Etty Hillesum, *Sylvie Germain*
P4672. Ce qu'Amma dit au monde. Enseignements d'une sage d'aujourd'hui, *Mata Amritanandamayi*
P4731. 40 jours avec Maurice Zundel et les Pères du désert
Patrice Gourrier, Jérôme Desbouchages
P4732. Ose la vie nouvelle ! Les chemins de nos Pâques
Simone Pacot
P4776. Sept graines de lumière dans le cœur des guerriers
Pierre Pellissier

P4777. Rire et Guérir, *Christophe André et Muzo*
P4778. L'Effet haïku. Lire et écrire des poèmes courts agrandit notre vie, *Pascale Senk*
P4779. Il n'est jamais trop tard pour le plus grand amour. Petit traité d'espérance, *Michael Lonsdale*
P4780. Le bonheur quoi qu'il arrive. Propos fulgurants d'Armelle Six, *Robert Eymeri*
P4811. Le Testament du Roc, *Denis Marquet*
P4812. Être là, *Véronique Dufief*
P4839. La Maison Zen. Leçons d'un moine bouddhiste *Keisuke Matsumoto*
P4840. Petit dictionnaire de la joie. Chanter l'instant *Blanche de Richemont*
P4890. En cœur à cœur avec Dieu. Mes plus belles prières *Guy Gilbert*
P4891. Le Choix du cœur. Enseignements d'une sage d'aujourd'hui, *Mata Amritanandamayi*
P4919. Gaspard, entre terre et ciel *Marie-Axelle et Benoit Clermont*
P4920. Kintsukuroi. L'art de guérir les blessures émotionnelles *Tomás Navarro*
P4949. Les Sept Secrets du temps, *Jean-Marc Bastière*
P4977. Journal intime d'un touriste du bonheur *Jonathan Lehmann*
P4979. Faire des pauses pour se (re)trouver, *Anne Ducrocq*
P4980. Guérir de sa famille et enfin vivre sa vie. Les bienfaits de la psychogénéalogie *Michèle Bromet-Camou*
P5034. Moins d'ego, plus de joie ! Un chemin pour se libérer *Christophe Massin*
P5057. Débranchez-vous !, *Matt Haig*
P5069. L'homme qui tartinait une éponge *Colette Roumanoff*
P5090. Luc, mon frère, *Michael Lonsdale*
P5091. Un haïku chaque jour. Un poème et sa méditation pour être plus présent à la vie, *Pascale Senk*
P5092. 365 Jours avec Rainer Maria Rilke. Paroles d'un maître de vie, *Rainer Maria Rilke*
P5129. Quand notre cœur s'ouvre à la spiritualité *Caroline Coldefy*
P5180. Maître du Oui, *Svâmi Prajñânpad*
P5181. Wabi Sabi. L'art d'accepter l'imperfection *Tomás Navarro*
P5292. La vie est une célébration, *Mata Amritanandamayi*

P5293. Les Plus Beaux Contes zen, *Henri Brunel*
P5320. L'Amour, le rôle de notre vie. Rééduquer les cœurs *Sarah Serievic*
P5357. Heureux et Grincheux. 108 conseils d'un moine bouddhiste pour profiter de la vie, *Ajahn Brahm*
P5395. Tomber amoureux de ce qui est, *Jeff Foster*
P5478. Un art de vivre et d'aimer par temps de catastrophe *Jean-Yves Leloup*
P5479. Respire, tu es vivante. De Lhassa à l'Everest, une aventure écologique et spirituelle *Marion Chaygneaud-Dupuy*
P5480. Amma. Celle qu'on attendait, *Pierre Lunel*
P5560. Le bonheur ça se pratique, *Anne Ducrocq*
P5561. Prendre soin de l'âme. La psychothérapeute qui est devenue chamane, *Myriam Beaugendre*
P5562. Apprendre à s'écouter. Comment trouver la paix dans le bruit du monde, *Prem Rawat*